星云说喻

丛书

禅定治乱心

修行当从修心做起，
以定力应变潮起潮涌的万千世界

星云大师 著

中华书局

图书在版编目(CIP)数据

禅定治乱心/星云大师著. —北京:中华书局,2016.7
(星云说喻)
ISBN 978-7-101-11104-0

Ⅰ.禅… Ⅱ.星… Ⅲ.佛教–人生哲学–通俗读物
Ⅳ.B948–49

中国版本图书馆 CIP 数据核字(2016)第 043555 号

书　　　名	禅定治乱心	
著　　　者	星云大师	
丛 书 名	星云说喻	
责任编辑	方韶毅	
出版发行	中华书局	
	(北京市丰台区太平桥西里 38 号　100073)	
	http://www.zhbc.com.cn	
	E-mail:zhbc@zhbc.com.cn	
印　　　刷	北京瑞古冠中印刷厂	
版　　　次	2016 年 7 月北京第 1 版	
	2016 年 7 月北京第 1 次印刷	
规　　　格	开本/889×1194 毫米　1/32	
	印张 6½　插页 8　字数 120 千字	
印　　　数	1–8000 册	
国际书号	ISBN 978-7-101-11104-0	
定　　　价	32.00 元	

星云大师传略

大师生于一九二七年，江苏江都人。幼年家贫，辍学，因父母忙于家务，随外祖母长居多时。后卢沟桥中日战起，父或因战火罹难，与母寻父途中，有缘于南京栖霞山礼志开上人披剃，实际祖庭为江苏宜兴大觉寺。

一九四九年至台湾，大师担任台湾佛教讲习会教务主任，并主编《人生》杂志。一九六七年于高雄开创佛光山，树立"以文化弘扬佛法，以教育培养人才，以慈善福利社会，以共修净化人心"之宗旨，致力推动"人间佛教"，并融古汇今，手订规章制度，印行《佛光山清规手册》，将佛教带上现代化的新里程。

大师出家七十余年，于全球创建二百余所寺院，十六所佛教学院，二十三所美术馆、图书馆、出版社、书局等，相继成立育幼院、佛光精舍、慈悲基金会，捐献佛光中小学和佛光医院数十所，从事急难救助，育幼养老，扶弱济贫事业。

一九七六年大师创办《佛光学报》，翌年成立"佛光大藏经编修委员会"，主持编纂《佛光大藏经》及《佛光大辞典》。一九八八年成立佛光山文教基金会，主要致力于举办学术会议，出版学术论文集、期刊等。一九九七年主持出版《中国佛教经典宝藏精选白话版》一百三十二册、《佛光大辞典》光盘版，设立"佛光卫星电视台"（后更名为"人间卫视"），并于台中协办广播电台。二〇〇〇年创办《人间福报》，是为第一份由佛教界发行的日报。

二〇〇一年，大师将发行二十余年的《普门》杂志转型为《普门学报》论文双月刊，收录海峡两岸有关佛学的硕、博士论文及世界各地汉文论文，辑成"法藏文库"《中国佛教学术论典》共一百一十册。二〇一三年，主持出版《世界佛教美术图说大辞典》二十卷册。二〇一四年主持出版《佛光大辞典》增订版、《献给旅行者365日——中华文化佛教宝典》以及《金玉满堂》人间佛教教材。

大师著作等身，撰有《释迦牟尼佛传》《佛教丛书》

《佛光教科书》《往事百语》《佛光祈愿文》《迷悟之间》《人间万事》《当代人心思潮》《人间佛教当代问题座谈会》《人间佛教系列》《人间佛教语录》《人间佛教论文集》《僧事百讲》《百年佛缘》等著作近百部，总计二千余万言，并被译成英、德、日、韩、西、葡等二十余种语言，流通世界各地。

大师教化弘广，有来自世界各地跟随出家之弟子两千余人，全球信众达数百万。大师一生弘扬人间佛教，对"欢喜与融合""同体与共生""尊重与包容""平等与和平""自然与生命""圆满与自在""公是与公非""发心与发展""自觉与行佛"等理念多所发扬。一九九一年成立国际佛光会，大师被推为世界总会会长，后于五大洲一百七十余个国家地区成立分会，成为全球华人最大的社团，实践"佛光普照三千界，法水长流五大洲"的理想。二〇〇三年，国际佛光会通过联合国审查，正式加入"联合国非政府组织"(NGO)。由于大师在文化、教育及关怀全人类之突出贡献，先后荣膺世界各大学颁赠荣誉博士学位多个，国际间获奖无数。

大师致力于中华文化复兴及两岸文化交流，成果斐然。二〇〇四年，大师应聘担任"中华文化复兴运动总会"宗教委员会主任委员，与基督教、天主教、道教等领袖，共同出席"和平音乐祈福大会"，促进宗教交流，发挥宗教净化社会人心之功用；先后与著名汉学家马悦然教授(斯德哥尔摩大学、诺贝尔文学奖终身评委)、罗多弼教授(斯德哥尔摩大学)、傅高义教授(哈佛大学)及诺贝尔文学奖得主莫言先生等人进行人文交流座谈。

近年，大师于江苏宜兴复兴祖庭大觉寺，并捐建中国书院博物馆、扬州鉴真图书馆、南京大学佛光楼，成立扬州讲坛、星云文化教育公益基金会等，积极推动文化教育，以期能促进两岸和谐发展，共创繁荣新局面。

大师一生弘扬人间佛教，对佛教制度化、现代化、人间化、国际化的发展，可说厥功至伟！

自序：我愿化作一点心光

古老的佛经，往往以譬喻的形式，巧妙地铺陈甚深的妙义，如《阿弥陀经》中，以宝池、楼阁等种种声光形色，或隐或现地引喻极乐世界的华丽和香洁。又如《普门品》以种种厄难为喻，为我们描绘观世音菩萨寻声救苦时，种种无畏的清净和慈悲。

佛经往往以譬喻为渡船，救人上岸；以譬喻为灯光，照破昏暗；以譬喻为井泉，赐人清凉。在繁忙紧凑的现代生活步调中，也许一则故事的引领，能破解你多年沉淀心头的世情公案，一两句法语可以激起你内在革新的力量，为身心加油，为生活助力。

当白日的喧嚣散去，夜半的一盏灯，一杯茶，一则说喻，化身为心灵知己，与你素面相见，叙谈友情、家庭、世情、人生。

《星云说喻》丛书共十册，是集我在电视台"星云说喻"栏目中所讲的古今中外近千则譬喻故事而成。我祈愿读者阅读这些譬喻，如山泉洗涤人间的尘垢，使人人心镜洁净，灵台清明；祈愿读者以廓然的风姿，行化于红尘俗世间，念念觉醒于声色幻影之不实，从而回头开垦一亩心田。

　　与众生携手，我愿奉献身心为炬，化作一点心光，纵使此身被烧烬成灰，也是心甘情愿。

　　中华书局简体字版《星云说喻》丛书付梓在即，我喜为之序。

二〇一五年二月

目　录

大蜘蛛的肚子

所谓"万法唯心造"，差别对错都是自我分别所呈现的。

有一个比丘很欢喜禅坐，往往一坐就是好几天。有一阵子，比丘打坐时，都会遇到一件怪事，让他心里很苦恼，于是向寺里的老和尚请教。"老和尚！为什么每当我一入定，眼前就看见一只大蜘蛛爬在我腿上，怎么赶也赶不走它。"

老和尚回答："下次入定时，你不妨拿支笔在手里，如果大蜘蛛再出来捣乱，你就在它的肚皮上画个圈，看看是何方妖怪。"

比丘遵照老和尚的指示，准备了一支笔放在一旁。入定后，大蜘蛛果然又出现了，比丘不慌不忙地拿起笔来，在蜘蛛的肚皮上画了一个圈圈作为标记。才一停笔，大蜘蛛随即销声匿迹……

出定后，比丘沐浴净身，猛然发现画在大蜘蛛肚皮上的圈圈，竟然在自己的肚子上。这才恍然大悟，原来一直扰乱自己入定的大蜘蛛，不是来自外界，而是自己心思的妄想幻境所现。

　　比丘禅坐时所面临的境界，也与我们日常接触人或事物所生起的感受、情绪与看法相同，是为外相左右？还是反观自心？

　　世间万物万事没有绝对的好坏、善恶、甘苦、冷热，所谓"万法唯心造"，差别对错都是自我分别所呈现的。朝鲜的元晓大师到中国求法，一回，途中夜宿山洞，黑暗中饮用洞中的积水，觉得十分甘甜清凉。然而，隔天一早起来，看见积水中的骷髅，大师不禁作呕难忍，也由此了悟三界唯心的真义。

　　同样，面对外境应有自己的主张，不可随意为之牵动、扰攘。尤其要积极地肯定自己，怀着"一住寒山万事休，更无杂念挂心头"的决心和气魄，那么不管时代如何动荡转变，不管人家如何骂你、唾你、污你、谤你、褒你、奖你，也能随遇而安，不受束缚，自享一片光风霁月的心灵景致。

一切有为法

面对世间、面对我们的生命，因为是"无常"，所以要了解"恒常"；因为是"无我"，所以要探得"真我"。

《金刚经》里，有一首很有名的偈语："一切有为法，如梦幻泡影，如露亦如电，应作如是观。"佛陀用几个譬喻说明了"一切有为法"的真相。

"有为法"和"无为法"是相对的。所谓"有为法"，就是有形、有相、可思议、可以想象、可以形容的，好的、坏的……世间上的大地、山川、河流、房屋，社会上的你、我、他等等，都是"有为法"。

"无为法"则是超世间的，所以也称"出世法"。比方说，我们的法身慧命，我们的真如自性。"无为法"并非人工装饰，也不是经过加工的东西；不受时间限制，没有成住坏空，不像人有生老病死，世间一切有生住异灭。

"有为法"是无常、无我的，是变异、变化，不实在的。

人生当中遇到的种种人和事物，都是"有为法"，比方说，金钱赚了会花，感情来了又去，衣服穿了会旧，好好坏坏，无有定数。生活在"有为法"里，我们感觉到不真实、不究竟，心常常随之七上八下、起起伏伏，不得安宁。

《金刚经》说，一切有为法，如"梦"一般。永嘉大师《证道歌》说："梦里明明有六趣，觉后空空无大千。"即是说明身处梦中，所见、所闻、所感受的，好似真实，可是一觉醒、一睁眼，却如晨露消失无影。因此说，有为法如"幻"，幻化好像魔术，能变出千奇百怪的事物，却不真实；有为法如"泡"，水上的泡沫，美丽却短暂；有为法如"影"，影子是假的，不是真有；有为法如"电"，速度很快，刹那即逝；有为法如"露"，太阳一出来，露珠便消亡了。

面对世间、面对我们的生命，因为是"无常"，所以要了解"恒常"；因为是"无我"，所以要探得"真我"。

一旦懂得"有为法"不究竟，便能找到自己的"无为法"。

三里路的欢喜

世间哪有绝对的欢喜，或绝对的不欢喜，不过是吾人心理的分别妄动罢了。

在佛教《百喻经》里有一段譬喻故事：话说，有一个村庄，百姓日用所需的饮水，必须走上五里路，到村外一条河里担水。走上五里的路，村民们个个怨声载道："这么辛苦，挑一趟的水要走上五里路，苦啊！"他们甚至怨恨国家、怨恨国王，不替人民解决民生问题，使得他们连吃一担水都要这么辛劳。

村民的怨言传到皇宫，国王表示，挑一担水要走五里路，确实是太远了，于是下令：这一条路不可以叫做"五里路"，把它改名为"三里路"吧！

接获命令后，这个村庄的百姓再去挑水时，个个欢喜之至，连连称赞国王的德政："哎呀！太好了，太好了，现在我们去挑一担水，只要走三里路就好了。"

佛陀借用譬喻故事，要我们看清吾心愚昧的分别。心里不欢喜"五里路"，便怨声四起，改作"三里路"后，以为距离缩短了，便不由地欢欣快乐。

可是，世间上哪有绝对的欢喜，或绝对的不欢喜，不过是吾人心理的分别妄动罢了。其实只要觉得为了生存、为了生活而奋斗努力，不作五里、三里想，那么就是十里路、百里路也不足以让身心疲累了。

对于生活、对于生命的种种，若是奋斗力不够，纵是举手之劳也觉得辛苦不堪。想要"不辛苦"地生存于世，不一定要别人一句话来安慰自己，也不必一定有一张奖状鼓励自己；一件事、一句话的本身并非快乐的来源，而是自己的心。因为"讲时似悟，对境生迷"，常人多为一个境界迷惑住，忘失自心无穷的力量。

心中要有主，对一句话、一件事，作合理的分别，用正确的看法认识，就不致为"五里路"苦恼，因"三里路"欢喜了！

女孩子的头

> 凡事不向外求,向内求;不向他求,向自求,当下即
> 是,什么都不缺少。

有一位年轻貌美的小姐叫做菩达多,有天她走在河边,一个错觉,看到水里自己的倒影没有头,错乱了理智。从此,菩达多以为自己没有头了,无论看到什么人都疯狂地说:"我的头呢? 你还我的头。"她到处跟人要头,家里人被她吵闹得不得安宁,朋友见到她也很害怕,因为精神不正常,到处不得人缘。

有一天,遇到一个法师,菩达多上前说:"我的头! 我的头! 还我的头来。"

这位法师看出她的病况,不由分说地便给她"啪!"一个耳光。年轻的菩达多大叫:"你怎么可以打我?"

法师说:"我打你哪里?"

菩达多理直气壮地回道:"你打我的头啊!"

法师却说："打你的头？你既然有头，为什么还跟我要头？"

　　一语惊醒梦中人，菩达多终于清醒过来。

　　常人多惯于要求别人"给"自己，却没有想到，本来一切具足，自家心里的宝藏比外在的财富更多。世间所有万物宇宙都在我心中，除了我的心，还要到哪里寻求？为求外在财富千山万水跋涉，却只是舍本逐末，不明白根本之源，只在枝末要求，枉然那无尽宝藏。

　　凡事不向外求，向内求；不向他求，向自求，当下即是，什么都不缺少。奉劝所有大众，在世间拥有金银、事业、万物固然很好，就是世间人都离我而去也没有关系，只要心存在，必定所有具足。

打你就是不打你

知之为知之，不知为不知，不能虚晃一招，似是而非。

有一个初学禅的青年，每当打坐时，寺里的老禅师从他身旁经过，青年只是看一看，睬也不睬，随即气定神明地闭目而坐。一次，老禅师想借机教育这位青年，于是责问他：

"喂！年轻人，我从这里经过，你怎么都不站起来跟我行礼，表示欢迎呢？"

青年学着禅语道：

"我坐在这里欢迎你，就是站起来欢迎你……"老禅师一个冷不防地趋前赏青年一记耳光。

"好一个老禅师，你怎么打我啊？"

"我打你，就是不打你！"

坐在那里，不代表欢迎；妨碍别人，也并非自由的真义；自以为幽默风趣，却只是鹦鹉学话，更非禅法。

佛门修行，行仪上要求龙吞珠、凤点头、行如风、坐如钟、卧如弓、立如松；礼拜、念佛、参禅，则讲究心地功夫。倘若一味磕头如捣蒜，念佛口念心不念，参禅打妄想，都是不如法的，这样不但虚掷光阴、虚度人生，更谈不上明心见性，自我升华。

佛说三藏十二部，并非要我们诵诵念念便罢，更非挂在嘴边，作为耍嘴皮的题材，而是讲究落实、亲身体证。知之为知之，不知为不知，不能虚晃一招，似是而非。

由老禅师的"打你就是不打你"这句话，我们应当明白，老老实实、实实在在才是学佛修行，乃至为人处世的最佳良方！

听话的外道

弓不能扳得太紧，话不能说得太满。

天龙禅师德高望重，说出的话很有分量，没有人不尊重他，更不会违背他的指示。有一个外道听了，不甚服气："我就不相信，我就是不服从，不想尊重。"朋友对外道说："你如果不信，可以去会一会天龙禅师，看你听不听他的话。"

外道果真前去面见天龙禅师。一进寺院的大殿，天龙禅师正对着大众说法，外道就立在中庭，表现出一副昂昂乎的模样。天龙禅师热情地说："客人来了，欢迎！欢迎！不要站那么远啊！朝前站，朝前站。"这外道立刻向前挪移。

天龙禅师看了看，又开口道："这样讲话还是不容易听到，再往前站一点。"外道又往前面移动。天龙禅师又说："这样我们不好讲话，请到这边谈。""这边也不好谈，到另外一边好了。"天龙禅师怎么建议，外道就怎么移动位置。

看这外道如此听话，天龙禅师才说："别人跟我说，你对我不服气。不会啊！我觉得你很好，我叫你向前，你就向前；请你再进一点，你就再进一点；请你往左，你就往左；请你向右，你就向右；可见我们很有缘，真高兴遇见你。"这名外道才知道，原来自己上当了。

一个人太自满，心里充满傲慢与成见，在高人面前就容易失态。弓不能扳得太紧，话不能说得太满，西方哲学家有句话："宇宙世界有多高？只有五尺高。"我们人有六尺之躯，生活在五尺之高的宇宙里，就得低头，生存才会自在。

常言道："天外有天，人外有人。"贡高我慢如古井，会将我们的眼界围住，只看得井口大的天空。能虚怀若谷，给人一些尊重，才可跃出古井，见得无边际的多彩世界。

安贫乐道

空无，并不是一无所有；减少对物质的依赖，反而能照见内心无限的宝藏。

印度的阿育王，是一位护持佛法的大功德主。他有一个弟弟修行得道，阿育王十分欢喜，希望弟弟能长住皇宫，接受他的供养。

但弟弟认为："世间的五欲，财、色、名、食、睡，是禅者的障碍，必须弃除，心才能拥有真正的宁静。我依傍林野，少欲清心，自在如水中鱼、空中鸟，为什么你要把我再推进世间的泥沼呢？

"我住在寂静的林野，有十种利益：一、自在来去。二、无我，无我所。三、随意所住，无有障碍。四、欲望减弱，乐习寂静。五、住处少欲少事。六、不惜身命，为具足功德故。七、远离众闹语。八、虽行功德，不求恩报。九、随顺禅定，易得一心。十、于空处住，无障碍想。

"我已经解脱人间桎梏，为什么你要我再戴上五欲的锁链呢？我终日与万籁同呼吸，与山色共眠起，我以禅悦为食，滋养性命，你却要我高卧锦绣珠玉大床，可知我一席蒲团，含纳山河大地、日月星光。常行宴坐，有十种利益：一、不贪身乐。二、不贪眠睡乐。三、不贪卧具乐。四、无卧着席褥苦。五、不随身欲。六、易得坐禅。七、易读诵经。八、少睡眠。九、身轻易起。十、欲望心薄。我已经从火汤炉炭的痛苦里脱身而出，我怎么可能再重入火坑，毁灭自己？"

阿育王听了弟弟一番剖白，也就不再坚持己意，心里对安贫乐道的修行人，以无为有的胸怀，生起更深的尊敬。

空无，并不是一无所有；减少对物质的依赖，反而能照见内心无限的宝藏。很多人背负着家庭和事业的重担，常常觉得喘不过气来，因此，借着出国旅游来散心解闷。但是一味凭借旅行去浇愁解忧，终究不是上上之策。也许，生活简单一点，心里负荷的重量，自然会减轻不少。

出走到远方，眼前的繁华美景，不过是一时的烂漫，与其辛苦更换一个环境，不如换一个心境，任人世物换星移，沧海桑田，做个两耳轻闲、天高野阔的无事人。

江上的船

心中无一物，才能洒脱自在！

祖国大陆有一座位于长江岸边的寺院，叫做归元寺。每天江中的客商船只，总是来来往往，穿梭不停。

有一天，一位信徒问住持老和尚："我们参禅打坐，怎样才能心外无物呢？"他的意思是，每天在禅堂里，如何才能不被江中来往的船只所影响呢？住持老和尚伸出手指，对着右边的弟子一指，弟子便把右面的窗子关起来。

信徒仍然一团疑惑："右边是看不到江中的船只了，可是左边还是看得到啊！"老和尚又对左边的侍者一指，侍者也把左面的窗子关起来。

信徒指着前头的大门，说："老师父！大门开着，那些来往穿梭的船只，还是会扰乱我们。究竟该怎么办呢？"这时，老和尚眼睛一闭；信徒看了，一怔："啊！我懂了，我懂了。"

老和尚闭上眼睛，是告诉信徒"非礼勿视，非礼勿听，非礼勿言，非礼勿动"，也就是不当看的不要看，不当听的不要听，不当说的不要说，甚至不当想的不要想。日本德川幕府第一代将军德川家康的家庙"日光东照宫"也以此典故，雕了三只"不听、不言、不看"的猿猴，借以警惕世人。

参禅打坐，不是要求外境，要求他人，而是要求自己。不管世间好好坏坏、是非得失，心中无挂碍。心中无一物，才能洒脱自在！如果不能把自己心中的万物去除，就算坐破蒲团，也无法明心见性。

所谓"犹如木人看花鸟，何妨万物假围绕"，外面的境界尽管有很多的诱惑、牵引，只要我们不动心，无念于万物，不自作多情，不去分别、攀缘，就不致惹下许多是是非非了。禅宗六祖大师不也说"本来无一物，何处惹尘埃"吗？

想要明心见性，就该要求自己，而不是要求别人！

老虎最好看

情欲像玫瑰，人们往往只看到它的艳丽，却看不到它身上的针刺。

一位仙人收了三个小徒弟跟随他学道。仙人考虑世间的诱惑太大了，使人无法专心修道，以至于半途而废。于是将小徒弟带进深山里，不使他们接触到染污的社会。小徒弟们慢慢成长，到了十七八岁的时候，仙人想要检验自己的成果，于是带着小徒弟们下山。

小徒弟们跟着师父走在繁华的都市，凡事都感到新鲜，尤其是那些衣袂飘香、面貌柔媚的女人，最引起他们的注意。当小徒弟在观看街道的女人时，仙人就呵斥说："不可以看，那是吃人的老虎。"观光了一天，回到山里，仙人就问小徒弟们说："今天到都市里观光，你们最大的收获是什么？什么最好看？"三个徒弟不约而同地说："吃人的老虎最好看！"

仙人用心良苦，将小徒弟送进深山，怕他们受到红尘的污染。然而人对于美色的喜爱，不是眼不看、耳不听就能断除。

　　情欲的势力像洪水猛兽，会淹没吞噬我们的身心，使我们在千尺的爱河中载浮载沉。情欲像玫瑰，人们往往只看到它的艳丽，却看不到它身上的针刺。

　　菩萨名"觉有情"，即是透彻人间情爱无常幻化的本质，不再被心牢囚禁，而能随缘自在。

魔女的故事

外在世界的是非善恶没有一定的标准,随之起舞,便是不明此理。

任何时代、任何一个团体都会有好的一半,也有坏的一半,就像这世间,一半好人,一半坏人;一半白天,一半黑暗;一半男人,一半女人……都是一半一半的。即使在佛陀领导的清净美好的僧团,也会有一些不美好的事情发生。

曾有一位年轻貌美的女郎名叫战遮,为外道所买通。

有一天趁着佛陀登座说法时,战遮女把自己扮成孕妇,企图破坏佛陀的名誉。讲堂内大众正鸦雀无声,聚精会神地聆听佛陀演说妙谛,战遮女突然站起来,嗲声嗲气地指着佛陀说:

"释迦!你满口的慈悲道德,但是我肚子里的孩子,你打算怎样?"

深信的弟子们一听惊慌失色;信心不坚定的弟子,开始动摇起来。但是佛陀神色不变,心平气和继续说法。

战遮女一看佛陀如此不为所动,于是跳跳嚷嚷,想要扰乱清静的道场。就在蹦跳之间,藏在衣内,绑着小盆子的绳子断裂,小盆子咚咚咚地滚了出来,恶毒的计谋暴露无遗,战遮女羞惭地抱头鼠窜。

外道一看陷害佛陀的伎俩失败,仍然不死心,又怂恿一位名叫孙陀利的女子,经常出入祇园精舍,以诬害清净的僧团。孙陀利甚至被外道所杀,嫁祸于僧团,但是佛陀以大智慧使得元凶就擒,洗除了冤枉。

佛陀以不动的心,面对善恶各半的娑婆世界,任它生,任它灭,不起分别,不生忧恼。他明白没有黑暗,就没有光明;没有罪恶,就没有善美,外在世界的是非善恶没有一定的标准,随之起舞,便是不明此理,更而造作接踵而来的罪业,轮回复轮回。

只需不动心,外离相,内不乱,便能超越一半一半的纠葛,照见清明的本性。

把门守好

眼、耳、鼻、舌、身、心六根就是我们的门户。

佛教《百喻经》里有一则故事：有一个主人雇用了一名愚笨的佣人，有一天，主人有事外出，便交待佣人好好照顾门。佣人信誓旦旦地告诉主人：我会好好照顾门的。

主人出去以后，这个佣人听说不远的村庄有人在唱歌、演戏，心里很想去看，可是又想着主人出门时交待的话。正在犹豫不决，忽然想到一计，主人要我把门顾好，这个简单，把门卸下来，用条绳子把它绑在身上，横竖我把门顾好就好了，我还是可以去看戏啊！

这个仆人果真把门卸下来，绑在身上，就去看戏了。结果，因为没有门，小偷光明正大登堂入室，把家里的东西都偷走了。

主人回来大发雷霆，责怪仆人没有把门照顾好，这个仆人却理直气壮地说:"有啊!你看,我还把门背在我的身上。"

我们的眼、耳、鼻、舌、身、心六根就是我们的门户,如果我们没有守护好,就会让六根的门户大开,让色、声、香、味、触、法六尘境界,污染了我们的清净本性,把心里的功德与财富,统统偷走了。

愚痴的仆人贪看一场戏,自以为聪明地背起大门,就是安全无虞,不也像我们一样,贪看眼前的是非恩怨的一场戏,自以为万无一失,输掉的不止是时间、金钱。最重要的是,盗贼劫去我们清明的觉性,让我们贪恋根尘的幻境,以幻为真,以苦为乐,以秽为净,以无常为常。

人生的球场上,一个好的六根守门员,才能赢回漂亮的胜仗。

争逐臭肉

真心里面，有无限的宝藏，我们如果能开发宝藏，生命就能解脱自在。

有一天，佛陀和阿难尊者，到外面行脚云游，忽然看到一群乌鸦为争吃一只死老鼠，打得头破血流。这时阿难尊者感慨地说："众生真可怜，一块老鼠的臭肉有什么了不起，竟在那里互争、抢夺，打个头破血流，多无聊，多没意义啊！"

佛陀听了以后，告诉阿难尊者道："你不要只为这许多乌鸦争逐这块臭肉慨叹，世上的人也是一样的。世间的功名、富贵、金钱，在圣者的眼里看来就像一块块臭肉，可是世间人就为了那块臭肉，相持不下，纷争四起，彼此恶口、刀拳相向。甚至末法时代的佛弟子们，名义上是佛教徒、修道人，但是为了世间的钱财获利，也会像这群乌鸦一样你争我夺。"

佛陀的言论,听来实在感触很深,现在的社会、如今的世间不就是这样吗? 在圣人的眼里,功名富贵短如闪电、晨露,甚至金钱、爱情也都是虚幻不实的,然而凡夫不识实相,一味在计较、争执中打转、沉沦,到最后春梦一场。

这世间,最真实的东西是我们的心、我们的法身慧命、我们的真如,这是不死的生命。真心里面,有无限的宝藏,我们如果能开发宝藏,生命就能解脱自在,就能融入宇宙之中,包容一切众生,那真是个洒脱脱的生命啊!

为什么不来探求这种快乐,而要去争逐一块臭肉呢?

阿难分饼

不要太在意别人有意或无心的话语，只要问心无愧就好。

阿难尊者是释迦牟尼佛十大弟子之一。佛陀在世时，他兼任佛陀的侍者，等于现在的"机要秘书"，协助佛陀处理许多事情。

有一次，一位信徒送来糕饼，供养大众。佛陀在信众集会听经闻法的场合，要阿难把糕饼分送给在场的大众。阿难依教奉行，一个人一块饼。分着、分着，分到一位美丽女子面前时，其中两块饼粘在一起，怎么分也分不开。阿难想：干脆两块都给这位女子吧！

这一给，给出麻烦来了。大家闲话纷纷：阿难尊者实在偏心，看到美丽女子就分给两块饼，我们却只有一块！

闲话传到阿难耳边，他又难过又泄气，一片好心，却受到无妄的批评。佛陀深明，年轻人经不起一点委屈的。特地把阿难叫到身边，开导他："为什么别人批评我们？那是因为我们很好，我们有成就。你当时的一片好意，却遭大家的误会。但是，阿难啊！误会，可以作为逆增上缘；批评、指责，是消灾解难的好机会。不要太在意别人有意或无心的话语，只要问心无愧就好。"佛陀一席话，终于让阿难放下心中沉重的大石头。

世间事，哪能尽如人意！难免有受委屈的时候，难免会受到他人言语上的伤害。懂得放下、看破，不悬在心上折磨自己，很快这种种伤害都将烟消云散，恍若昨梦。

跋提王子

幸福的青鸟，不在千山万水的地方，它近在咫尺。

跋提王子和释迦牟尼佛是堂兄弟，释迦牟尼佛出家修行正果以后，家族中不少的王子、王公大臣，都受到佛陀的感化，跟随他出家学道。

有一天，跋提王子跟其他王子们一起在森林中参禅静坐，忽然禁不住内心的欢喜，连连呼叫："好快乐啊！好快乐！"佛陀刚好经过这座森林，听到有人喊着"好快乐"，上前问他们："你们有什么快乐的事呢？"跋提王子回答说："过去在王宫里我们吃的是珍馐美味，想要什么就有什么，百般的挑剔，仍然食不知味。现在出家了，每天托钵乞食，虽然只是粗涩的菜饭，却吃得滋味甜美。过去我们身住深宫内院，有多少侍卫拿着刀枪兵器保护着，我们还是忧心恐惧、提心吊胆。现在树下一宿，野地静坐，不须有任何防备，我们却感觉身心安稳，没有恐怖和不安。"

禅悦法喜，不是世间的金钱可以换得，不是地位权势可以求来，更不是情爱欲乐可以相比的。一般人看到出家人，常会感叹一句："好可惜，年纪轻轻，怎么出家？"其实修道人拥有的法乐，就像寒山诗所说："若论常快活，唯有隐居人。林花长似锦，四季色常新。"歇下贪、嗔、痴的狂心，心地自有似锦的林花，焕然的新色。

功名富贵的快乐非常有限，真正的快乐来自我们的内心，拥有寂静的心，欢喜的心，知足的心，惭愧的心，平等的心，快乐的活水便源源不绝地涌现。

你快乐吗？找回失去的真心吧！幸福的青鸟，不在千山万水的远方，它近在咫尺。

咬空的故事

难道畏惧死亡，就能免于死亡吗？

我们通常讲到"咬"字，譬如咬苹果，咬菜根，都是实体的东西。但是"咬空"，虚空怎么咬呢？

佛陀时代，有一个优波先那比丘尼，在山洞里参禅修道，不小心被毒蛇咬了一口。当时被毒蛇咬，很容易毒发身亡。但是优波先那却神色自若地对身旁的人说："拜托！去替我把舍利弗尊者请来，我被毒蛇咬了，快要死了，我有话跟他交待。"

旁边的人一听就赶紧把舍利弗请来。舍利弗看着优波先那，十分疑惑："你现在如此安详，神色自若，哪里像被毒蛇咬了，要毒发身亡呢？"

优波先那说："舍利弗尊者，我现在修行，已经体悟到生命流于大化之中，跟虚空同在的境界。毒蛇可以把我的色身咬坏，咬得腐烂，但它怎么能咬空呢？我的色身就要和世间告别了，请你替我转告佛陀，还有同门师兄弟，优波先那向大家告辞了。"

舍利弗也是证得阿罗汉果的圣者，对于生死早已自如，没有畏惧，没有颠倒妄想。舍利弗点点头，答道："你放心，我会处理的。"于是优波先那便含笑入涅槃了。

每个人都是喜生恶死的，面临死亡，恐惧不安。难道畏惧死亡，就能免于死亡吗？

优波先那告诉我们不必害怕死亡，而是要善加处理：在有生之年，好好爱惜生命，以有用之躯立德、立功、立言，创作出无限的事业，留下历史，留下信仰，留下慈悲，活出生命的意义与价值。

学佛，就是要学习不畏惧死亡。学习优波先那无惧生死，不贪色身，自在入涅槃，那样不是很美好吗？

棒喝教育

挨得了无理无情的棒喝，自然能够"大死一番，再活现成"！

现代提倡"爱的教育"，即以鼓励代替责备，慈言视学生。禅门，有一种棒喝教育，深具慈意悲心，为"爱的教育"的另一种体现。

有师兄弟二人，每天固定向师父参禅问道。但是这一对师兄弟始终弄不明白，为什么每次跟师父参禅问道时，师父都不说一句话，只是拿起棒棍当头就打，且一天比一天打得更重，使得二人每次只得抱头鼠窜而去。

一天，要去见师父前，二人商量：问道时站得远一点，让他打不到。商量好后，二人胆战心惊地进门，也照计划与师父保持一段距离。没料，一山又比一山高，师父竟事先准备好一根长棍子，尽管师兄弟二人距离很远，他仍是一棒打去，打得二人眼冒金星，落荒而逃。

隔天,二人又再商量:这次跟师父问道时,索性站到门外,想师父的棒棍再怎么长也打不到门外的,假使他要赶到门外来打,就赶快逃跑,不给他打。于是,又是惶惶恐恐地去向师父参禅问道,站到门外,师兄说:"师父上人慈悲,弟子在这跟您问道,请您慈悲开示吧!"

哪知师父在里面大喝一声:"你们算什么东西!"这一喝如狮子吼,石破天惊、震耳欲聋,师兄弟二人在这大喝一声下,一片茫然,顿时失去一切,无所依怙,随即身心又有另一番清澈朗然的呈现。

禅门的棒喝教育看似严峻,不留情面,让你丈二金刚摸不着头绪,其实它却步步将你逼至悬崖绝境,要你断除一切妄执,只要承受得起千锤百炼,挨得了无理无情的棒喝,自然能够"大死一番,再活现成"!

划波求剑

太过固执保守，便是善恶分别、是非争端的祸根。

佛教经典里，有一则"划波求剑"的典故。

有一个只重功夫不重智慧的武士，经常舞刀弄棒，不讲智慧用心。有一次，他搭乘一条小船，横过江心要到对岸去，又在船上舞弄他的剑，一不小心掉到水里，摇橹的人紧张得大叫："你的剑掉到水里了！"只见他不慌不忙地用剑外的套子，在水上划一个圆圈，安慰摇橹人："没有关系！我已经做了记号，回程时，我可以从做的记号那里下去拿剑。"

想一想，在波涛汹涌的水上划上记号，这个记号会在哪里？在茫茫一片的江水中，划上一道痕迹，这个痕迹怎么会存在？

凡事知其一不知其二，不懂得世间一切无常变化的真相，今天和明天已经不同，时间和彼处也不一样，时空、地点、人事都在变化，一味执著，不知道圆融变通，太过固执保守，便是善恶分别、是非争端的祸根。

人在世间，在纷纭复杂的人事里，要找到自己的定点，找到自己的去路，找到与人相处的协调；在无限的时空里，懂得如何运用时间与空间，才得方便顺利。如果像这一名武夫，以为剑掉落水底，盲目做个记号就可以找到，到最后反而失去自己的目标与所在。

武夫"划波求剑"，寓意着有情终日盲目寻心，遍寻不着，反而愈离愈远。当将心活用起来、灵巧慧黠，懂得随机随缘，随着人世迁流作种种修正，才得寻回迷失苦海的自家本心。

愚人储牛乳

行事要有智慧,不应本末倒置、舍本逐末。

在这事事讲究管理的时代,企业、财产、信息需要管理,人心、情绪也需要管理,甚至智慧、学问同样需要管理。这其中的道理,《百喻经》的"愚人集牛乳喻"作了最巧妙的诠释。

从前,有一个愚人宴客,需要事先储存牛奶,待一个月后设供宴客。愚人心想:如果牛奶事先挤出来积储,需要很大的木桶,而且牛奶放置木桶内过久容易变酸败坏,还不如把牛奶放在牛腹,到宴客那天再来取用,既省事又能喝到新鲜的牛奶,不是再好不过了吗?

愚人得意着自己的"明智之举",把饲养的母牛与正在吃奶的小牛分开,不让小牛吃奶,自己也不去挤奶了。宴客当天,愚人准备挤奶,可是不论怎么用力,一滴牛奶也挤不出来。宴席上没有牛奶可以饮用,宾客们嗔怒不悦,甚至讥评取笑。

　　愚人为了储藏牛奶,将母牛和小牛分开,又不去挤奶,却不知这样的方法反而造成乳囊收缩,点滴全无。

　　佛陀借由这则譬喻故事提醒世人,行事要有智慧,不应本末倒置、舍本逐末。对于金钱、物品要有规划,对于能力、专长要懂得运用,一味储而不用,也只是束之高阁的"酸牛奶",终究会失去万物本身的价值。

　　在有生之年,应将智慧、学问,传灯千古;运用财富、能力帮助别人,布施十方。

上等精肉

生活之中，到处都有转迷开悟的因缘。

世间的事事物物无一不是因缘所生起，事相上虽然千差万别，但是站在本体的立场上却是法法平等无二，没有分别，没有对待的。

在现实生活中，面对万紫千红的花花世界，难免因为其中的复杂、多彩与纷乱让我们失去立场，不明所以。或为人际关系所迷，或为工作家事所扰，或为情感疾病所困，使得身心陷入绝境，不得抽离，生活因此变得艰难。此时，不妨先跳脱出问题的本身，试着以佛法中平等无差别的观念去看待、处理，或者能从中得到一些不一样的体会。幽州盘山宝积禅师有一段生命经历，可以作为大家思考此等问题的参考。

宝积禅师有一天路过市场，偶然听到一段对话，心中起了极大的震撼，得到极深刻的体悟。对话是这样的：有一位顾客向屠家说："帮我挑选一块上好精肉来!"屠家放下刀反问他说："喂! 我这里卖的,有哪一块不是上好的精肉呢?"其实,不论是事物或者有情自身,原已具备平等、融和的本质,只要我们懂得在观照因缘的来龙去脉当中,发挥其作用及影响力,即能辟出一条生路,见得柳暗花明后的万古长空。

生活之中,到处都有转迷开悟的因缘,就像宝积禅师从卖肉的一句话中,悟到万法本来的面目。所以无论所遇到的是什么样的人或事物,只须用心观照、深入思维,不以感情用事,那么万法清净无分别的风光便能显现,事物的本身自能还你一个答案。届时一念觉悟,通身朗然。

沙弥争论

禅,充满微妙的机锋,如同繁花丛丛,每一朵花的颜色和香味,都是宇宙间的唯一。

山里面有两个寺院,一个在东边,一个在西边。这两个寺院,每天都要各自派一个沙弥到市场里去买菜,供应寺众的饮食。这两个沙弥,东边的沙弥比较活泼有禅意,西边的沙弥不够巧慧。两个沙弥在买菜的时候,发生了许多的趣事。

第一天,两个人在十字路口会面的时候,西边的沙弥就问东边的沙弥说:"喂!你今天到哪里去?"东边的沙弥就回答说:"风吹到哪里,我就到哪里去。"西边的沙弥一听,顿时哑口无语。回去就告诉师父,师父就怪他:"你好笨,你可以继续问他,假如没有风你要到哪里去呢?"西边的沙弥听完师父的教导,心里有了对策,高兴地等着天亮。

第二天,他们又在十字路口碰面了,西边沙弥又问了:"喂!东边的沙弥,你今天要到哪里去?"东边的沙弥回答说,他说:"我的脚走到哪里,我就走到哪里去。"这个西边沙弥一听,怎么跟昨天的话不一样了呢?愣在一旁,看着东边的沙弥得意地扬长而去。笨沙弥回去又告诉师父,师父怪他:"你好笨!你可以反问他,假如你的脚不走,你要到哪里去呢?"西边沙弥一听,师父实在是有智慧,明天他一定要问倒那个骄傲的沙弥。

第三天他们又在十字路相遇,西边沙弥就又问:"东边的沙弥,你今天要到哪里去?"东边的沙弥笑着回答说:"喂!我今天要到市场买菜去。"

禅,充满微妙的机锋,如同繁花丛丛,每一朵花的颜色和香味,都是宇宙间的唯一,一点也模仿不得!

禅在何处?道向何处觅?慈受怀深禅师的诗偈说得好:"家中住,早起开门夜闭户,运水搬柴莫倩人,方知佛是凡夫做。"找回自己的禅心,将这点星光炉火,散作人间的照夜灯,光耀自己也照亮别人。

比丘的肚子

事无善恶垢净，只在人心起差别对待。

久远前，在浙江普陀山上，有一位勤修苦行的比丘善听，他二六时中都在禅定之中，日以继夜、夜以继日地观照佛法真理，从不懈怠，唯一能让他起身的，就是饥肠辘辘时。等到托钵完，进食后，比丘即刻进入禅定中，继续用功。

有一天，善听比丘感到饥饿，于是出定下山，沿街托钵去。才走到半山腰就看见一位正在打猎的粗汉，比丘心想：佛法广大无边，众生平等无差，托钵不该分贫富贵贱才是。于是，趋前向粗汉行化。此时的粗汉正为采猎不到动物而懊丧，心情郁闷无处可以发泄，善听比丘的出现，正好成为泄愤的对象，手上的弓箭早已经蓄势待发，朝向比丘。

面对粗汉的行为，善听比丘不慌不忙，神色若定的解开衣衫,轻声说:"请射我的肚子,好吗?"

"为什么要我射你的肚子?"比丘突如其来的反应,让粗汉如堕五里雾。

"我本来可以清净修行,却因为饥饿难耐,不顾危险地向你乞食,才会遭此横祸,所以要你射我的肚子。"善听比丘平静的解释。

这一番话听在粗汉耳里,犹如当头棒喝,他暗忖:我的处境与比丘有什么不同?为了充饥,宁愿冒着生命的危险,与虎豹豺狼搏斗,造下无以计数的罪业。粗汉当下忏悔己行,追随比丘出家修道。

凡夫俗子因无明造作,对世间万象产生贪爱执著。在六根对六尘之际,眼贪色、耳贪声、鼻贪香、舌贪味、身贪触觉、心起分别,因分别妄动造下是非善恶。如果顺从自己心意的,就贪着爱染;违逆自己心意的,就嗔怒不悦,于是与人拳脚交加,散播流言,相互谩骂,情杀自杀……

比丘的肚子反映人人内心的"五浊恶世"。《佛祖历代通载》记载,法融禅师问:"于境起时如何对治?"四祖答:"境缘无好丑,好丑起于心。心若不强名,妄情从何起?妄情既不起,真心任遍知。"内心外境,只是一事,没有两般；事无善恶垢净，只在人心起差别对待，能够深透此理，对境心不起，清净心池怎会扰乱波动，造下伤人害己的罪恶呢？

好姻缘

一个有修养的人，举止动静间不轻躁、心不奔驰。

舍卫国波斯匿王有一位大臣梨耆弥，年迈时，想为小儿子娶一个端庄贤惠的媳妇，便请好友帮他物色。这位好友是个婆罗门，经常云游各国，一次外出看见一群女孩在玩耍，想起梨耆弥的请求，便跟在这群女孩后面，暗中观察。

当经过一条小河时，女孩们都脱掉鞋子涉水，唯独一名女孩坚持穿着鞋，涉水而过。没多久，来到一条更深的河流，女孩们撩起衣裙入水过河，这位女孩却穿着衣裙入水，走上对岸。河岸上，有一片开满花朵的树林，女孩们上树采花，单单这名女孩不与之同行。

婆罗门觉得这个女孩与众不同，便上前探问女孩种种行径的原因，女孩回答："第一，穿鞋是为了保护自己的脚，行进间踩到瓦石时可以避免过去，但水中之物不容易看见，所以我不脱鞋。第二，女人的身体，有好看，也有不好看的地方。把衣裙撩起让人看见身体，长得好看便罢，若不好看，岂不惹人讪笑，所以我从不随便挽衣裙。第三，爬上树摘花，万一不小心树枝折断摔下来，或失手滑下来，伤了身体怎么办？”

婆罗门见这个女孩谈吐大方，见识不凡，十分欣赏，再一打听，原来女孩叫毗舍离，她的父亲名为昙摩诃羡，也是梨耆弥的老朋友。他回到舍卫国后，将毗舍离的事告诉梨耆弥，而促成一桩良缘。

佛教重视修道人的身相行仪，而以“行如风、坐如钟、立如松、卧如弓”等四威仪，作为自己举止动静应合法如仪的准则。经典中“饭食讫，收衣钵，洗足已，敷座而坐”更是佛陀把握般若妙义，于生活坐卧衣食的展现。

因为一个有修养的人，举止动静间不轻躁、心不奔驰，能让人感受他内在的安稳与智能，而欢喜亲近，心生恭敬。当然在众女子中，毗舍离会引起婆罗门的注意，终究成就一段好姻缘。

龙王的自觉

贪嗔痴云起时，钟声一阵，还得自性清明。

大月氏国贵霜王朝的迦腻色伽王，一生信奉佛教，致力弘扬佛法从不懈怠。他以佛法治国，国内人人路不拾遗，家家夜不闭户，生活安乐和谐。

曾经，龙王领着龙子龙孙盘踞在喜马拉雅山顶峰的一座大池中，日日倒山拔树，夜夜兴风作浪，扰得山下的居民苦不堪言，纷纷离乡背井，移居他处。

大臣们得知此事，立即禀告迦腻色伽王。知道子民遭遇惨事，迦腻色伽王悲愤万千，他随即下令在山下兴建宝塔，还亲临山下，为人民祈求风调雨顺。

龙王见此情景，大为不悦，兴起风雨将宝塔吹得支离破碎。迦腻色伽王一见宝塔被摧毁，马上派人再建造新的宝塔，龙王再将宝塔吹倒，双方来来回回六次。迦腻色伽王觉得不是办法，决定带领百万雄兵前往喜马拉雅山,将龙池填平。面对迦腻色伽王的挑战,龙王嗔心大作,呼风唤雨,顿时天地变色,风雨乱舞,飞沙袭人,使军马分不清东西南北,败兵慌逃。

无法攻上山顶的迦腻色伽王,重新整顿慌乱的军队,跪在宝塔前,向佛陀虔诚祈愿,这才拨云见日,风雨歇息。

迦腻色伽王再度领军攻上山顶,命令军队搬运大石,填平龙池。龙王自知无法抵抗,于是请求:"王啊!我甘愿降服,但请饶我一命。我生性暴戾,难调难伏,所以请大王在塔顶悬挂一口大钟,如果见山顶生起黑云,就赶快敲钟,我一听到钟声,就会熄灭心中嗔火。"

佛陀说,世间有两种人最清净,一是不犯过失的人,一是犯了过失,但知道诚心忏悔,改过迁善的人。就怕不自觉,不知错,不改过,难以护念清净心。

"不怕无明起,只怕觉照迟"强调的就是一种"自觉"的功夫,对于心念举止,是杂乱,是清净,能够了了分明,不让心念恣意放纵,起嗔恚、起无明、起颠倒妄想……造作诸恶业,于五趣流转复流转。

龙王"自觉"暴性难调,以钟声警策,为自己灭却不少罪业,此即是自我觉照、反省,自我警惕言行举止的功德力。敢于面对自心善恶的当下,已具足忏悔力;让善的增进、恶的灭除,更是截断流转的智能宝剑。

不怕无明风雨大作,只须在内心铸造一口大钟,贪嗔痴云起时,钟声一阵,还得自性清明。

定不在境

心念的力量，足以影响一个人的未来。

佛陀有一位名叫弥醯的弟子，在一次化缘归来的路上，经过一处美丽、舒适的果园。他当下起了一个念头："如果能在这么美丽幽静的地方打坐，对我的禅定功课一定能够有很大的帮助。"于是他就请求佛陀允许他，独自在那一片果园里打坐。

佛陀对这个弟子的情况相当了解。他知道弥醯的心性还不稳定，光凭着一念的喜好，并不会为他的修行带来帮助，因此要他过一段时间再说。

然而弥醯的内心，早已被他的美梦冲昏了头，经过一而再，再而三地恳求佛陀，最后佛陀只好答应了他。

弥醯满心欢喜地前往他理想中的地方，并找到一棵大树下坐了下来。

奇怪的是，他坐了大半天，心中的意念却纷飞不断。

他慢慢地意识到,这样的禅修对他来说,果真是一点进展都没有。

到了傍晚,弥醯终于放弃了心中的执着,悄悄回到佛陀及弟子们所安住的精舍,并且向佛陀禀告他在禅坐时,受到的种种烦恼与困扰。

佛陀看到弥醯已有悔意,于是告诫他:

凡夫的心容易随着外境的变化而飘忽不定。禅坐修行,还是要找寻适合自己的方法来调伏心念,而不是一味地追逐舒适安稳的环境啊!

弥醯听到了,当下升起了惭愧心,并且用心思维佛陀告诉他的教诲,不久后便证得了初果。

所谓"佛说一切法,为治一切心;若无一切心,何用一切法?"心,是万物之本,一个人如果没有把最重要的根本照顾好,纵然外在有再好的环境,终究还是不圆满。

在佛经上有提到,凡夫众生,举心动念之间,无非是罪,无非是业;只因心念微细,不容易察觉。因此心念的力量,足以影响一个人的未来。如何保护自己的念头?以般若心摄伏贪欲,用慈悲心化解嗔恨,用清净心修养我们的言语行为。如果能依此管理好我们当下的每一个念头,则事无不成!

黄雀在后

只顾眼前利益的人，能掌握的也只是短暂的欢愉、虚妄的收获。

现今社会有些人道德沦丧，为图一己之利，不惜污染大自然、破坏生态；有些仕官为谋不法，孤意贩卖官职，这些都是短视没有远见，而造成罪恶的源流。

心无远见，就像《贤愚经》记载的一则譬喻故事：田地里，一位农夫顶着烈日专注的耕作，正翻土时，一条小虫从土壤里钻出，这时恰巧经过的蛤蟆迅速伸出舌头，一捕入口吞下。躲在暗处的蛇，随即张开大口吞食蛤蟆，才在享受的时候，在天空飞翔的孔雀，瞬间从空中俯冲而下，又将这条蛇啄食而走。

民间寓言故事中，大家耳熟能详的"螳螂捕蝉，黄雀在后"，就是改编自这则佛经故事。寓言故事，意在警惕世人不要只看眼前利益，而不顾利益背后潜藏的患祸。

纵观历史，许多发动战争的人多半自以为聪明，到最后也是惨遭失败。社会上，一些仗势的患吏，到处欺瞒夹账，一旦家道中落时，又如何立身社会？滥垦滥伐，制造工程弊案者，难道就能够独自远离自然公害，高枕无忧吗？那些投机借贷者，不都走上债台高筑的不归路？而作奸犯科的人，暗喜自己的所作所为天衣无缝，没人知晓，不也是难逃法律的制裁？

　　因为世间一切事物，人际往来都各有因果，纵使你不信因果、不惧因果，也无法不落因果。就因果层面看，那些贪赃枉法、损人而利益自己的行为，都是没有远见，只图近利的不智之举。

　　一个不知"黄雀在后"，只顾眼前利益的人，能掌握的也只是短暂的欢愉、虚妄的收获；只想着长远利益，却忽视当下的人，终究会遇到现实的窘迫和困难。真正会享受人生、经营人生的人，凡事深思远虑，抱有无缘大慈、同体大悲，无私无我的精神，纵使身穿粗布，食用简单，也是怡然自得！

无心，

即是对外境不起分别，

不迷惑，不动心，

能「应无所住而生其心」。

不盲从，寻真理，

才能有智慧；

不盲从，多思考，

才能有创新；

不盲从，认清楚，

才能有立场；

不盲从，慎选择，

才能不同流合污。

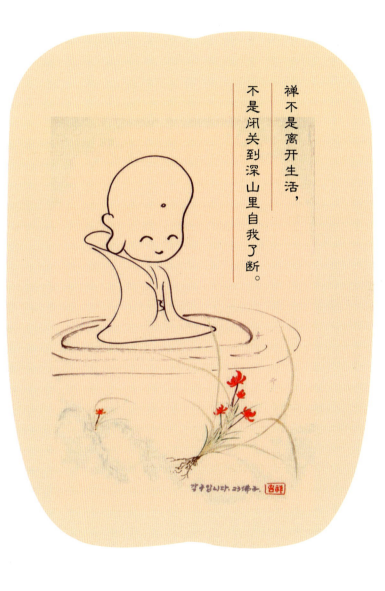

禅不是离开生活，

不是闭关到深山里自我了断。

禅，是一场内在的革命，

为我们找回如香草的悲心，

满月的慧心，金刚的愿心，

云水的舍心。

一休吃蜜

临危不乱的机智可以使我们安全渡过人生的难关。

一休禅师在十多岁就进了寺院做沙弥。人聪明伶俐又调皮，虽然活泼好动，不过还是用功于禅修，对禅机的领悟力很高，常常有一些出乎常人的言行，让他的师父伤透脑筋，没有办法应付。

有一天，一休的师父要出门拜访信徒，想起库房有一罐信徒供养的上等好蜜，他交待库头留着准备招待贵宾。师父心想：这一罐蜜糖放在库房，必定难逃一休的馋嘴。于是在出门前，把一休找来，告诉他库房有一坛毒药，千万不能动，吃了会要人的命。聪明伶俐的一休，听完师父"特别"交待的话，觉得其中必有缘故。于是趁人不备时潜入库房，找到师父所说的毒药罐子。打开封口，发现根本不是毒药而是甜甜的蜜糖，馋嘴的一休没一会工夫便把整罐蜜糖吃光了。随后，又将师父最心爱的花瓶打破，坐在地上假装哭得很伤心。

师父回来看到一休泪眼汪汪，就问他："一休你在哭什么？"

一休跪着向师父忏悔道："师父我犯了严重的罪过，我不小心把你的花瓶打坏了。"

"花瓶打坏就算了，不要再哭了。"

"我因为犯下严重的过错，觉得对不起师父，所以把库房的毒药都吃下去了。我要用自杀来谢罪。"

师父听了，真是哑巴吃黄莲——有口难言。

"一休吃蜜"呈现出无限幽默的禅机，也寓意临危不乱的机智可以使我们安全渡过人生的难关。是毒药还是蜜糖，并非绝对。有智慧的人，面临种种困厄，在别人眼里可能是一包毒药，在他却能化成滋养的蜜糖，增加他的气力，激发他内在的潜能，让他化危机为转机，即使在冰天雪地里，仍能看得到春暖花开的愿景。

一休抓老虎

安禅未必需山水，灭却心头火自凉。

日本的足利义满将军，掌握着全国的将军，更确立了将军独裁体制，是日本当时经济、文化、政治的中心人物，权倾一时。足利义满将军不服气一休禅师小小年纪就有过人的才华，为此，他向一休挑衅说："一休，人家都说你智能很高、本领很高，我想你也可以把屏风上画的老虎抓下来吧？"

"当然了，抓老虎很简单。"

足利义满将军一听，心想：这个一休又在大言不惭了。好！今天非要跟他打赌一下。"如果你能把老虎抓下来，我就将这些黄金全部供养安国寺。"

一休马上说："好哇！"随即拿起绳子，做好了姿态，又对将军说："你赶快到屏风后面把老虎赶出来，我好把它抓起来。"

足利义满将军听到一休这么说，竟茫然不知所对。

一休禅师并非伶牙俐齿，也非大言不惭，他心中自有一套禅的逻辑理论。

何谓禅？是闭关深山、枯坐蒲团，是禅师们的扬眉瞬目，还是公案中的字字句句？黄檗禅师说："终日不离一切事，不被诸境惑，方名自在人。"

其实"安禅未必需山水，灭却心头火自凉"。学禅，不过求个心安。禅不是离开生活，不是闭关到深山里自我了断，而是在语默动静中修道，在生活中自然表现出平常心，如一休禅师的活泼机灵幽默，在行住坐卧中体现禅的精神，在接人待物上展现禅的妙用。

一休禅师掌握了灵山会上那涅槃妙心，所以能"大言不惭"抓下老虎。你能得抓住屏风上的老虎，也就会了得禅。

善水与驾船

一个人能不被外物所拘囿,他的视野就宽阔了。

《庄子·达生篇》有一则故事:颜回问孔子:"我乘船渡过觞那个地方的深潭,看到驾驶渡船的人,技术非常高超,简直达到出神入化的程度。我问他:'驾船的技巧,普通人可以学会吗?'他回答我:'可以的。会游水的人,多练习几次就会了;会潜水的人,就是从没见过船是什么模样,也能一见到船便会操作。'我再问是什么道理,他却不告诉我所以然。老师,您可以为我解释吗?"

孔子说:"会游水的人,只要多练习几次就会驾船,是因为他熟悉水性,练习驾船时,没有恐惧心,就容易熟悉技巧。至于会潜水的人,即使不曾摸过船,也能一见就会操舟,是因为在他们的眼中,深渊就像平常人眼中的丘陵;把翻船看成车子在山坡上倒退几步般平常,不视翻船为危险动作,也不会造成他心里的紧张、恐惧。

以这样轻松的心情驾船，当然非常容易。"

庄子借由孔子和颜回的问答，来阐明"道"与"技"的关系。一个人纵然技艺高超，若内心怀有恐惧，也无法发挥他所拥有的技艺。住在水边的人，熟悉水性，水对他而言，就如平地一般，无所畏惧，自然能笃定地在水上讨生活。这种自然的态度就是道。

一个人能不被外物所拘囿，他的视野就宽阔了，见识就高超了。禅宗说："即心是佛，佛不远人；无心是道，道非物外。"不限于外物，不是不接触外境，而是在接触外境时，对于事物的本性能了然于胸，不被外相所迷惑，"犹如木人看花鸟，何妨万物假围绕"，能够如此，纵然是寻常世物，也能体会另一番风味。

粘蝉老人

心无旁骛、别无杂念,是求得技法与创作达到完满境界的重点。

孔子带领弟子到楚国时,在一片树林里看见一位驼背老人,神情专注地以竿取蝉。老人动作敏捷灵活,一举一动就像是拾取东西一样的容易,看得孔子与弟子们啧啧称奇。孔子于是趋前请教这位驼背的老人:"老人家,您粘蝉的动作灵巧敏捷,是不是有什么诀窍、技巧呢?"

老人回答:"我的确有方法。刚开始我在竹竿头堆栈两个弹丸,经过五六个月的时间练习,使得弹丸不会掉下来,那么粘蝉失手的几率就很少;堆栈三个丸子而不会掉下来,失手的几率就变为十分之一了;一直到堆栈到五个弹丸而不会掉落,那么粘蝉的技巧自然如随手拾物那般容易。"

老人接着说:"我安稳身心犹如树桩;我举臂执竿如同槁木之枝;纵使天地之大,万物之多,但我的心里只有蝉翼,不为外境所动摇,不以万物交换蝉翼,这样还怕粘不到蝉吗?"

孔子回过头对弟子们说:"用心而不散乱,聚精会神而不分心,指的不就是这位驼背老人吗?"

老人忘却有相的形体,完全融入蝉的世界里,他将自己化为橛株拘、化作槁木枯枝,让蝉以为老者就是树木而没有防备心,自然能有"庖丁解牛"的神技,粘蝉自是得心应手了。

心无旁骛、别无杂念,是求得技法与创作达到完满境界的重点。写作时将自己化作文字,绘画时将自己融入画境中,演戏时将自己融入角色悲喜情仇里……一心一意,忘我的投入,那么人间万事"何为而不得"呢?

卫灵公的好恶

时刻都能察觉自己的"想"，那么，就能远离爱憎的束缚。

弥子瑕年少时，风度翩翩，甚得卫灵公的宠爱。卫国的法令规定：私下驾驶国君的乘车出去的人，要砍掉脚。有天夜里，有人告诉弥子瑕："你的母亲得了急症。"弥子瑕情急之下，私自驾着卫灵公的车乘赶回家去。有人去报告卫灵公，灵公听后，赞扬弥子瑕说："真是孝子，为了母亲生病，连要砍脚的刑法都忘了。为母忘躯，真是孝子啊！"

又一天，弥子瑕在果园里游玩时，摘了一个硕大的鲜桃，咬了一口，觉得甜美多汁，舍不得吃完，把剩下的桃子拿回去献给卫灵公。卫灵公很高兴，边吃着桃子，边对左右说："弥子瑕因为心中有我，好吃的桃子舍不得吃完，特意留给我。"

等到弥子瑕年老色衰时，卫灵公就看不顺眼了，渐渐地疏远他。失宠后的弥子瑕，不但常因小事得罪卫灵公，灵公还跟他翻旧账："这个弥子瑕真可恶！竟然曾经没有经过我的允许，驾走我的车乘；又让我吃他吃剩的桃子。真是欺我太甚！"

弥子瑕因为青春貌美受宠，再大的缺点也被美化；等到色衰失宠时，之前的优点却成了不可饶恕之恶。事件本身并没有变化，改变的是卫灵公的爱憎情绪。

《长阿含经》说："爱憎之生，皆由于欲。因欲缘欲，欲为原首。从此而有，无此则无。"世人有爱恨情仇等情绪，皆缘于欲念，见到好的，就起贪爱，若得不到时，就生种种苦恼。见到不好的，就起厌恶、嗔恨，也生种种苦恼。世人就在贪爱与嗔恨的情绪中流转，不得解脱。

《长阿含经》又说："无想则无欲，无欲则无爱憎，无爱憎则无贪嫉，无贪嫉则一切群生不相伤害。""想"指面对境物时，心中浮现的精神作用，一切欲念却由"想"而来。如果我们时刻都能察觉自己的"想"，那么，就能远离爱憎的束缚，自然能得真正的平等自在。

郑师文弹琴

心一散乱,妄念烦恼就接踵而至。

郑师文是春秋时代郑国的乐师,他听说曾有位叫瓠巴的人,当他在河边弹瑟时,河里的鱼就浮出水面来听,郑师文希望自己也能拥有如此高超的技巧,就跑到名乐师师襄处学弹琴。三年后,郑师文仍没学会弹曲。师襄失望地说:"你可以回家了。"

郑师文说:"我不是无法调弦弹曲,只是我的心思根本没有放在琴弦上,意念也没有放在乐曲上。内心不专注,也就无法放开身手去弹琴。请老师给我几天的时间,让我好好地练习,到时再决定我的去留。"

过了几天,师襄问:"你的琴弹得如何了?"郑师文说:"已经得心应手了,我试弹一曲给您听听看。"

于是郑师文展开琴,弹奏了起来。当他拨动"商"弦,听者觉得充满春意,花开草长;当他拨动"角"弦,让人感受到秋诗篇篇,果实成熟的丰收;当他拨动"羽"弦,恰似炎夏之中,享受霜雪纷纷的清凉;当他拨动"徵"弦,就如处于阳光照拂的暖冬。

师襄听他奏完一曲,高兴得手舞足蹈,赞叹说:"你弹得太妙了!即使是师旷、邹衍等人也望尘莫及,足可当他们的老师了。"

《十住毗婆沙论》说:"是人能系心一处则能得三昧,得三昧故有理事皆能办成。"专注者即有定境,有定境,则表现出来的静定,自是不同。不管进行哪一种工作,如果放任心念奔驰,再长的学习也难以成事。就如郑师文心猿意马的练三年琴,仍是一曲难成。而专注少时,却能为众人之师。

学习世间技艺如此,修行解脱之道也是如此。《法苑珠林》说:"摄心一处,便是功德丛林;散意片时,即名烦恼罗刹。"心一散乱,妄念烦恼就接踵而至。许多修行者,在寺院道场虽然只领扫地、煮饭、种菜等职务,却因懂得"制心一处,无事不办"的道理,终能彻悟天地智能,人间妙理。

伯乐相马

人生之路不能盲从。

在《战国策·燕策》里有一则关于伯乐为马宣传的故事。据载有一个人想把他的骏马卖掉，于是把马牵到市场上叫卖，然而一连三天都乏人问津，没有人知道这是匹好马。最后，这个人实在没有办法，只好求助伯乐。他说道："我打算把这匹马卖掉，可是已经在市场上站了三天，一直卖不出去。想拜托您帮我个忙，请您到市场上围着我的马看一看，临走前再回头看上几眼，我愿意付给您一笔酬劳。"伯乐看了他的马，确实是匹好马，于是就答应了。第二天，伯乐到市场上绕一绕，经过那匹马面前，左瞧右看，走过去又折回来。果然，伯乐刚从市场上离开，这匹马的价格立刻涨了十倍。

由于伯乐是相马的名师，因此大家认为只要他相中的马，一定是好马，所以争相抢购，造成马匹价格的暴涨。事实上,不只在古代,就是现今社会上也有许多盲目跟从的人,既没有自己的主见,也不了解自己的需求,一味跟随附和别人的意见,甚至人云亦云地瞎起哄。例如:不少青年学子,因为盲从而误入歧途,跟着别人吸食毒品、酗酒赌博,或在他人的鼓动、怂恿之下,旷课、离家、打架、偷窃等,毁坏了大好前程,实在很可惜。就是一般人在生活中,也常有盲目跟从社会潮流走的倾向,比方日剧、韩剧的流行,造成某些人一窝蜂地哈日、哈韩,无论是服装、书籍、饮食、语言、礼仪等等,都盲目跟从改变。也有商场、证券的投资者,既没经过市场调查,也没做过经济分析,只是跟着买进盲目投资,最后走上倒闭亏本之路。

所以,人生之路不能盲从。不盲从,寻真理,才能有智慧;不盲从,多思考,才能有创新;不盲从,认清楚,才能有立场;不盲从,慎选择,才能不同流合污。希望人人都能不盲从,活出独一无二的自己。

商季子求道

得道，其实是从"不疑"和一心求道的信念而来。

　　古代有个商季子，非常喜爱玄学，曾带着很多钱云游四方，到处求人教他玄学。一个狡猾的骗子觊觎商季子的钱财，欺骗他："我是得道的人，只要跟随我，我就把道传给你。"商季子一听，乐呵呵地跟着到处去。

　　商季子一路上抱紧钱袋，骗子苦无机会下手。一天，商季子问他："道在哪里？可以传给我了吗？"江边高高的船桅给了骗子灵感，他指着船桅说："道就在那儿啊！你只要摸得到船桅的最顶端，就能得道。"商季子信以为真，马上将钱袋放下，顺着杆子往上爬。

　　商季子在高高的桅杆上随风晃动，十分艰苦地爬上顶端，再也无法向上一步，在惊险万分的当下，突然大悟。他高兴得不得了，高声欢呼："得道了，我得道了！"待他好不容易回到地面时，那骗子早已抱着钱袋，逃之夭夭了。

商季子却似乎忘了那袋钱，仍然雀跃不已。旁观者不禁对他说："唉！你真是愚蠢呀，骗子拿你的钱跑掉啦！"商季子仍沉醉在悟道的喜悦里，回答："他真的是我的师傅哩，他用这样的方法教我！"

商季子得道，其实是从他的"不疑"，和一心求道的信念而来。他深信骗子"道在桅杆"的话，在颤巍巍的船桅上，唯有聚精会神才能保命，这种无退路的凝神，就是商季子的悟机。

有人问唐朝的永光院真禅师："如何能够悟道？"禅师说："直须悬崖撒手，自肯承当。绝后再苏，欺君不得……"骗子只是推商季子到"悬崖"上的因缘，商季子的危桅凝神，才是他"绝后再苏"的主因呀！

妙答谁第一

幽默风趣可说是人际间十分重要的润滑剂。

南朝齐高帝萧道成是书法爱好者，据说他还没做皇帝前，就经常不断地练习，因此写得一手好字，后来当了皇帝，也常写墨宝送给大臣。朝中有些阿谀奉承的臣子，便借此吹捧皇帝的书法是如何的好，普天之下无人能及。日久之后，齐高帝也自以为是举世无双的书法大家，因此志得意满。

当时，王羲之的第四代孙王僧虔，他的书法在社会上是赫赫有名，被称誉为"天下第一"。对此，齐高帝心里很不服气，于是下令王僧虔进京朝圣，并提出两人一起比赛书法的要求。

这场书法竞赛，十分特别，是在金銮殿中举行。比赛开始，君臣二人各自展纸挥毫。王僧虔如老僧入定般沉稳地写了一幅字，齐高帝也用心尽力地写了一幅。等到两人停笔之后，齐高帝神情得意地环视四周大臣，问王僧虔说："王爱卿，你说我们两人谁是第一？"王僧虔不假思索地回答："臣写的书法第一名。"在座的人听了，都大为吃惊，心里捏了一把冷汗。

只见皇帝脸色由晴转阴，正要发脾气的时候，又听到王僧虔说："不过，陛下也是第一名。"齐高帝不悦地问道："此话怎讲？第一就是第一，怎么会有两个第一？"王僧虔说："自古以来，君有君纪，臣有臣纲，君与臣怎可相提并论？我的书法在大臣中是第一名，而陛下您的书法属古今帝王中的第一名。"王僧虔这番话说得不无道理，齐高帝听了，转怒为喜，赞赏他的机智："爱卿可真会说话，既不失之自信，又不得罪人，真可谓善自为谋啊！"

由于王僧虔的机智妙语，不仅为他自己保留了面子，也顺从了皇帝的心意，化解了杀身之祸的危机，所以幽默风趣可说是人际间十分重要的润滑剂。在人生旅途中，我们难免会遇到挫折难堪，假如这时候能有一句幽默的话，就可以让这样的场面、气氛，得到化解转换。甚至简单几句幽默风趣的话，也能帮助他人净化烦忧，希望人人都能学习让生活中有幽默的智慧。

修养的价值

能在喜怒、哀乐、成败当前,从容不急躁,沉着不轻浮,会是一股强大的力量。

东晋太元八年(公元 383 年),秦苻坚率领号称百万大军的兵马,进攻南京,志在吞灭东晋。当时,南朝由谢安领导国政,派遣他的侄儿谢玄等人前往淝水捍卫。当时军情危急,南京一片惊恐,如果淝水一役战败,国家就要灭亡,唯有打胜,国家才有一线生机。

当时谢安的军队已经所剩无几,北方的苻坚却大兵压境,谢安叫他的侄儿谢玄统领的军队全部调到长江北面,并且把所有长江上的船烧毁,表示没有退路,全军只有奋勇向前。

前方军情相当紧张,后方的谢安却不动声色、泰然自若地下棋。桓冲担心南京的安危,想要派遣精锐兵三千前来协助保卫京师,谢安拒绝;张玄向他打听军情,他也闭口不谈军事，拖着张玄和他一起下围棋。

张玄的棋艺本来远在谢安之上，但此时兵临晋境，谢安神气安然，张玄却沉不住气，结果输在谢安的手里。

前方传回紧急的军书，谢安拿来一看，便朝桌下一放，继续下棋。等到一盘棋下完后，客人忍不住问谢安，刚才不是有人送信来吗？只见谢安淡淡地说："没什么，孩子们（指谢玄）在前方打了胜仗了。"谢安有这样安忍的修养，所以能打胜仗。

想要事业成功，慌乱冲动，逞匹夫之勇都是不智之举。从容、镇静才可以立于不败之地。大环境的慌乱，"造就"无数痴昧嗔罣的心灵，因此现代人大多不能沉着、安忍，听到一句话就立即做出反应，喜形于色。是苦的坏的，固然伤心失意；即使是股票涨价、奖券中奖，一样不能忍耐。

能在喜怒、哀乐、成败当前，从容不急躁，沉着不轻浮，会是一股强大的力量，让我们在各种境遇下，安然过关，潇洒向前。

临危不乱

静而后能定，定以生慧。

提到"书圣"王羲之，大都知道"暮春之初，会于会稽山阴之兰亭"，他挥鼠须笔，用蚕茧纸为《兰亭诗》书写的一帖《兰亭集序》；还有"东床坦腹"深受郗太傅欣赏，决定嫁女的故事。《世说新语》中，王羲之有一桩临危不乱的事迹，也值得我们深思、琢磨。

王羲之十岁的时候，很得从伯王敦的喜爱，常常让他到营帐中睡觉。有一次，王敦起床未久，钱凤来到营中商议军事。王敦忘了王羲之还在营帐中，竟然毫不顾忌地商谈叛变谋反的计划。

王羲之醒来听到两人逆节之谋，知道会招引杀机，于是把口水吐在枕头、被褥上，佯装熟睡的样子。谈到一半，王敦突然想起王羲之还在营帐中睡觉，为避免泄露风声，打算把王羲之杀死，以绝后患。两人急急拉开帷帐，只见王羲之睡得口沫纵横，想他应该没有听到刚刚的言论，才放弃杀意，王羲之也因此保住性命。

临危不乱的智慧与处变不惊的勇气，都不是天生而有，是后天的修养。东晋谢安在淝水之战展现的胆量，就是来自他恢宏的气度；诸葛亮用空城计诱开敌军，免除一场杀戮，则在于他知人的智慧。所谓静而后能定，定以生慧；他们这种"泰山崩于前而色不变"的胆识智慧，常能使艰困的局面化险为夷。

人的一生，不时都会遇到一些突发状况，必须靠勇敢机智、沉着冷静，才能面对境界，将危难化为转机，安然渡过。

鹅出来了

让心跳出框框,首先要了解自己、解脱自己。

唐朝的陆亘大夫,有一天去拜访南泉普愿禅师。他问禅师一个问题:"南泉禅师,有一个人在瓶子里养了一只小鹅,鹅一天一天长大,瓶口很小,鹅出不来了。请问禅师,如何不要打坏瓶子,而又能够让鹅出来?"

南泉禅师突然大叫一声:"陆亘。"

听到禅师喊了他的名字,陆亘大夫立刻回答:"啊!"

南泉禅师哈哈大笑:"这不是出来了吗?"

这意思是说,陆亘大夫你自己怎么跑进瓶子里了呢?你自己怎么给框框束缚起来了呢?

我们的心为什么像鹅一样被束缚起来?有些人被金钱的框框束缚,天天在金钱里打滚,无法解脱;有的人给爱情的框框束缚,爱得你死我活,在情感里不能解脱出来;有的人在名利的框框里,也不得出离。

人真是可怜,活在这个世间,让多少的框框框住:传统、名利、过去的思想、风俗、习惯,这个也束缚我们,那个也束缚我们,甚至,我们自己心中还有很多的贪欲、嗔恨、愚痴、见解、念头……这些都是框框,如同陆大夫把小鹅放到瓶子里,我们也把自己的心限制在瓶子里,不得出来,不能解脱。

修行,就是让我们的心能够自在、能够解脱,自问能从名位里解脱出来吗?能从金钱里解脱出来吗?能从爱情里解脱出来吗?从世间许多的旧观念、不当的是非、人情里,我们都能解脱出来吗?如果我们不解脱出来,我们就永远生活在框框里,是非不明、善恶不分、好坏难辨、不知权衡轻重……

所谓"众生",就是给烦恼束缚者。假如我们每一个人,要像这鹅从瓶里出来,让心跳出框框,首先要了解自己、解脱自己,那才是当务之急。

一朵花的故事

树立自己的形象，不被外境随便动摇。

唐人佛光如满禅师，曾经行脚在外时，忽然看到一位死去已久的老朋友。他觉得奇怪，问道："你不是已经死去了吗？怎么还在这里？"这位老朋友回道："此处不是说话之地，请跟我来。"如满禅师是个有道高僧，倒也不怕，便跟着他走，探一探究竟。

走到一个偏僻的地方后，朋友对如满禅师说："我是鬼，我不是人。"如满禅师不解："那你怎么会是个人的样子，还蒙混在人群里？"朋友细声说："我现在是地狱派到人间来的判官，专门调查这个世间人的善恶、是非、好坏……"

朋友将手里的花拿给如满禅师，说道："老朋友相见，我也没有东西送给你，这朵花送给你吧！"如满禅师说："我一个出家人要花做什么？"朋友说："怎么不要花？

不是说要献花给佛祖吗？这一朵花给你，你就可以看清楚世间人的心。"

"有了花就可以看到人的心？"如满禅师半信半疑地接下了这朵花。

如满禅师拿着花走在街头，有的人看到一个出家人手上拿着花，看都不看，就走过去。如满禅师心想：这个人是正人君子，目不斜视，见怪不怪。有的人看了又再看，如满禅师便知道这个人很贪心。也有的人看到以后笑一笑，做出搔首弄姿的样子，如满禅师暗忖：这个人一定很虚荣，容易受环境转移影响。

如满禅师终于明白朋友说的，从一朵花里，可以看出一个人的心地与想法。

姑且不论从一朵花可以看到一个人心，有时从牌桌上也可以看出一个人的牌品如何，是贪心，是嗔心，还是自私、小气……有一句话说："从三岁看八十。"其实同在机关、团体里做事，我们的做人如何，马上就会被同事看清了。

树立自己的形象，不被外境随便动摇；表现自己的慈悲、道德、智慧；将自己的为人与种种设想让人明白，那才称得上是正人君子。

三心不可得

因为不认识自己的心,才觉人生茫然。

话说,德山宣鉴禅师在中国北方修习禅法,研究《金刚经》,听说南方的六祖惠能倡导顿悟法门,和他的思想不同。因此他就带着自己的著作《青龙疏钞》,到南方宣扬修行、悟道没有什么顿悟法门,应建立基础,按部就班学习,想以此破除惠能大师的顿悟法门。

德山禅师一路跋涉。一日走累了,看见路边有个卖饼的小店,想买几块饼充饥。

"老婆婆,点心来一些。"

"禅师,你肩上挑的是什么呀?"店里的老婆婆笑着迎接。

"这个,是我批注《金刚经》的书。"

"哦,你背它去哪?"

"去南方呵!"

"去做什么呐?"

"想破解南方顿悟的禅法!"

老婆婆点点头,想了一想,又说:"我读《金刚经》,正有一句不懂,想请师父为我解答,如答得上来,我就以烙饼供养您!"

德山大笑,想这老太婆还能问出什么深奥的问题来:"说来听听!"

"《金刚经》说:过去心不可得,现在心不可得,未来心不可得。请问师父:您现在要点的是哪一个心啊?"

"这……"德山一阵愕然,不知如何回答。

点过去的心,过去心已灭;点现在的心,现在心生灭不停;点未来的心,未来心未生。因此,二祖慧可才有"觅心了不可得"的疑情。德山禅师因为老婆婆的一个问题,使得通身的狂妄自满,顿时粉碎,明白自己证悟的境界极其浅薄,毅然将《青龙疏钞》烧毁……

因为不认识自己的心,才觉人生茫然,这是每一个人都有的生命困境。假如能时时观照自心,检视自心,才能渐渐认识自己,充实自己,假以时日必能乍见本来面目,清朗透澈,一切完成。

不如小丑

对外境增一分定力，就减去一分的痛苦，能放下一
分的是非比较，即能远离人事的煎熬。

白云守端禅师于方会禅师的座下参禅，许久无法开
悟。方会禅师心里也挂念他迟迟找不到入手处。有一
天方会禅师借着机会，在庙前的广场上和白云守端闲
谈。方会禅师问："你可记得你师父是怎么开悟的吗？"
白云守端回答："我的师父是因为那一天跌了一跤才开
悟的，悟道了以后，他说了一首偈语：'我有明珠一颗，久
被尘劳封锁。而今尘尽光生，照破山河万朵。'"方会禅
师听完以后，故意发出嘲弄的笑声，留下白云守端愣在
当场。他心想：难道我说得不对吗？有什么地方说漏
了吗？为什么老师耻笑我呢？

白云守端放不下方会禅师的笑声，几日来，饭也无
心吃，睡梦中常被方会禅师的笑声惊醒。他忍受不住，

前往丈室请求老师明示。方会禅师听他诉说几日来的苦恼，开导他："你看过庙前广场上表演猴把戏的小丑吗？小丑使出浑身解数，为的是博取观众的一笑。我那天对你一笑，你不但不欢喜，反而不思饭食，梦寐难安。像你对外境这么认真的人，比一个表演猴把戏的小丑都不如，如何参透无心无相的禅法呢？"

常常，我们将悲欢掌控在他人的一颦一笑间，我们将幸福建立在五欲的幻化世界中。我们常常为了一句话耿耿于怀，为一件事坐困愁城，为一个人失魂落魄，为一念之差懊悔终生。

对外境增一分定力，就减去一分的痛苦，能放下一分的是非比较，即能远离人事的煎熬。无心，日日如沐春风，时时清凉无忧。

没有时间擦鼻涕

毫不将心思置于俗事上，因此能够修得一身好功夫。

唐朝的懒融禅师，云游参访一段时间后，找了个深山岩穴修行，多少年都不下山。因为他名震朝野，皇帝特别派遣大臣寻访他，请他上朝相见。懒融禅师也懒得跟大臣多费唇舌，自顾自的修行。大臣看到禅师的鼻涕一直流啊流地流下来，看不过去，就劝告他："禅师，您的鼻涕都流到嘴边了，擦一擦吧！"

懒融禅师把眼睛一扫："我才没时间为世间俗汉揩鼻涕呢！"

后来大臣肚子饿了，懒融禅师顺手拿了一些石头放进锅里煮，大臣看了很奇怪，问："煮石头做什么？"

"咦，拿来吃啊！"

大臣很惊讶："什么！石头怎么能吃呢？"

懒融禅师就当着大臣的面吃起石头来，石头到了禅师嘴里，像马铃薯、山芋一样，被禅师一块一块的吃下去。

大臣还不死心，提起"皇上请您上朝相见"的话，懒融禅师把石头一放，说："世事悠悠，不如山丘……卧藤萝下，块石枕头。不朝天子，岂羡王侯；生死无虑，更复何忧。"

坐禅，不是空坐无聊，不是任意妄想，更不是在胡混光阴，而是探究本心，刹那都不离。懒融禅师视世间功名富贵为尘土，草树藤萝下枕石而卧，精进于参禅打坐，连揩鼻涕都嫌浪费时间，毫不将心思置于俗事上，因此能够修得一身好功夫。

禅者，最大的特色就是无欲无求、无烦无恼，在生活之中展现清净超越的品格。他们衣食无沾滞，随缘放旷，自来自去，他们以为衣食住行，一一是妙谛，何处不自在。

风动幡动心动

心如工厂,有严格的品管,正常的作业流程,良好的环保观念,必定能制造上好的产品。

六祖惠能得到五祖弘忍的传法和衣钵后,一路南下到了广东。路过一间寺庙,此处正要举行法会,两个僧人准备升上幢幡。

五色的幢幡升空时,迎风飘动。两位僧人看着飘动的幡布,交头接耳议论着。甲说:"今天的风好大,风把幡都吹动了。"乙有不同的看法:"这明明是幡动,哪里是风动呢?"甲乙两人各执己见,一说风动,一说幡动。惠能大师听到他们争论的内容,指着在风中飘荡的幢幡,大笑说:"两位仁者,不是风动,不是幡动,是你们的心在动。"

天下本无事,庸人自扰之。由于我们的分别、短见、愚痴、妄想,不明白实相,议论人事的美丑长短,导致自我惶惶不安，徒惹是非烦恼的尘埃。

风动，幡动，犹如世间的外境，任它四处飘动，只要我们有一颗"不动的心"，不生是非、分别的妄想，不起憎爱怨亲的颠倒，当下证入涅槃常（不变）、乐（不灭）、我（不动）、净（不染）的法界。

心如工厂，有严格的品管，正常的作业流程，良好的环保观念，必定能制造上好的产品。反之，坏的工厂，不断制造污水黑烟的污染，令人厌恶。生活里，拥有一颗经过品管的"不动之心"，没有是非的污水，没有烦恼的黑烟，如此清净，人人才欢喜亲近。

不动心，使我们安稳如山，明净如水，悠闲如云，自在如风。

飞来佛

睁开内在的慧眼，寻找身心真正安住的地方。

南京栖霞山有个佛教圣迹，是用一千块石头刻成的一千尊佛，因此被称为"千佛林"。千佛林有尊佛站在最高峰顶上，称作"飞来佛"，我们难以想象这么险峻的山顶，当初是用什么方法才把这尊佛搬运上山的，由于年代久远已无法考据。

它的典故是这样的：曾经，有一名信徒问栖霞山的知客师卓成禅师："那座最高山顶上的佛叫什么佛？"卓成禅师回答："是飞来佛。"意思是，那尊佛像是从其他地方飞来的，否则山那么高，石头那么重，怎么会立在山顶上呢？

信徒一听，又问："既然是飞来，为什么又不飞走呢？"

禅师回答："既来之，则安之。"意即，既然飞来了，就应该在这里了。

从今以后，栖霞山顶的佛，人人皆称之为"飞来佛"。

面对职务调动，或是迁移搬家，或是留学移民，我们具备"既来之，则安之"的心了吗？有的人"此山望见彼山高，到了彼山没柴烧"，来来去去，去去来来，总是不安然。

人往往接受不了无常的变化，而宇宙人生的真理即是"诸行无常"，一生中，每个人都随着无常的变动，身体上的老、病、死的变化，感情上的聚合离散，我们如果能够"既来之，则安之"，那么当下即成你的佛国净土。

无常逼迫的苦，让我们闭上凡夫的眼，睁开内在的慧眼，寻找身心真正安住的地方。飞来佛，高高山顶立，安心自在地任云霞来去，而人生无常的变化里，亦如四季的运转，自然的花草树木即是安于冬天的雪、夏天的风，才有年年不谢的花季与丰硕的果实。

走过无常幽谷的人，才能在荒原闻到心底的花香。

韩愈与大颠

先以定动，后以智拔。

唐朝的韩愈先生，有着"文起八代之衰"的美誉。他看到当时佛教鼎盛，儒学衰微，便以儒家道统自居，自比为孟子拒墨而排斥佛教。

那时，唐宪宗崇信佛法，准备迎接佛骨舍利入宫廷殿内供养。有一天，殿中夜放光明，早朝时，群臣都向皇帝祝贺吉星高照、国泰民安，只有韩愈不贺，并上陈《谏迎佛骨表》，斥佛为夷狄。韩愈之举，触怒了对佛教虔诚信仰的皇帝，于是把他贬到潮州当刺史。为此，韩愈还写了一首诗："一封朝奏九重天，夕贬潮阳路八千。"

当时潮州地处南地边疆，韩愈到了这么一个文化未开的地方，心情自然苦闷不已。他耳闻灵山禅院有一位大颠禅师道行超迈，深为大众所推崇，虽然自己不喜欢佛教，也只有忍耐着性子前去拜访。

到了禅院，大颠禅师正入定禅坐，根本不理会韩愈的来访。韩愈心想也不好上前问话，因此，苦苦等候。一个下午过去了，韩愈越来越觉得烦躁不安，不断地四处徘徊。侍者看出他的不耐烦，心生不忍，于是上前用引磬在禅师的耳边敲了三下，轻声对禅师道："先以定动，后以智拔。"

　　侍者的意思是说，你禅师的禅定已打动了韩愈傲慢的心，现在你应该用智慧来拔除他的执着了。韩愈在旁边听了侍者的话后，立刻行礼告退，他说："幸于侍者口边得个消息！"

　　学佛修道都要有个入处，韩愈从大颠和尚的侍者得了一个入处，我们能从这里得到个入处吗？

佛与牛粪

心中的毒草,就是我们的胜负得失、比较分别的
妄想。

有一天,佛印禅师和苏东坡在禅堂打坐。苏东坡忽
然问禅师说:"禅师! 你看一看,我坐在这里像什么?"佛
印禅师仔细端详说:"好庄严! 学士眉眼慈柔含笑,身相
端严,就像一尊佛祖。"苏东坡很满意禅师的答复。过了
一会儿,佛印禅师对苏东坡说:"学士! 你看看我,坐在
这里像什么?"苏东坡心里想,平时被这老和尚占尽上
风,弄得灰头土脸,今天逮到这个机会,给他一点颜色瞧
瞧。苏东坡回答:"禅师! 我老实告诉你,你就像一堆牛
粪。"佛印禅师听了毫不介意,只是呵呵一笑。

苏东坡以为胜过佛印禅师一回,洋洋得意,逢人夸
口自己的聪明,让佛印禅师哑口无语。苏东坡的妹妹听
完哥哥胜利的经过,叹了一口气说:"哥哥,你输了!"苏

东坡不明白地问:"我怎么会输呢？明明是禅师反驳不了我的回答,怎么是我输了呢?"苏小妹说:"哥哥,人家禅师心中是佛,他看你就是佛;你的心中是牛粪,所以你看到禅师就是牛粪呀!"

修行不是逞口舌之能,更不是在语言上针锋相对。修行品质的好坏,决定在心地工夫上,减少比较分别的染习,离却凡夫心,入如来行。佛陀临涅槃之际,曾留下一偈:"我今境况大好,他人骂时无恼。无言不说是非,涅槃生死同道。一切妄想分别,将知世人不了。寄言凡夫末代,除却心中毒草。"

心中的毒草,就是我们的胜负得失、比较分别的妄想,就像佛印与苏东坡,以佛心看人看万物,一切是佛的庄严显现;一个以粪屎心观人观万物,一切都充满臭秽污浊。

一屁打过江

修学佛法,要真实做到。

宋朝大文豪苏东坡,在江北瓜州担任太守期间,经常和镇江金山寺住持,即"水漫金山寺"的佛印禅师往来。苏东坡曾经做了一首诗偈:

稽首天中天,毫光照大千。

八风吹不动,端坐紫金莲。

这位苏大学士对自己的诗偈相当自豪,于是命书僮赶快坐船,送去给佛印禅师鉴定。书僮遵照指示,乘着船摇摇晃晃地到江南,上了岸,便直抵金山寺呈给佛印禅师。

佛印禅师端详地看了看,一句话也没说,只在纸上写下两个字,又叫书僮送回。书僮又坐了船,一路摇回江北瓜州。苏东坡见到书僮这么快就回来，急急问道："佛印禅师有讲什么话吗？"意思是，禅师可有称赞什么吗？

书僮回答："禅师没有讲什么话。"

"啊！真是岂有此理，他没有讲话，你怎么就回来呢？"

书僮委屈地说："话是没有讲，但有在纸上写字。"

苏东坡一听："赶快拿来看。"

上面写了什么呢？"放屁"两个字。苏东坡一看，火冒三丈：

"这个老和尚，我平常那么尊敬你，不称赞我也就罢了，怎可以骂我放屁？"

所谓"八风"，不是室外吹拂的东风、南风，而是指我们遇到各种因缘，产生的八种境界，即称、讥、毁、誉、利、衰、苦、乐。苏东坡认为，自己的修养已经到了八风吹不动的程度，你佛印禅师为什么还骂我"放屁"呐？心里愤愤不平，又命书僮叫了船，准备到江南金山寺跟佛印禅师理论一番。

佛印禅师知道苏东坡会来，便站在山门口等待。当他看到苏东坡气呼呼地走上来时，哈哈大笑："学士，学士,您不是'八风吹不动'了吗？怎么一'屁'就打过江了呢?"

一个人口里经常说自己有修养、能明理,是没有用的。所谓"道一丈,不如行一尺",修学佛法,要真实做到,否则千经万论也只是"数他人宝",不管用啊!

四大皆空

四大就是地、水、火、风,地是坚硬性的,水是潮湿性的,火是温暖性的,风是流动性的。

宋朝时,有一位金山的佛印禅师正在讲经,听众把道场挤得满满的。这时官封大学士的苏东坡居士也光临听经,禅师对他打着禅锋机语说道:"此间无学士坐处!"

苏东坡也是一个学佛参禅多年的人,听了以后回道:"何不暂借禅师的四大之身为座?"

"学士!你既要老僧四大之身为座,老僧有个问题,你若回答得出,即将身子给你坐,你若回答不出,请将玉带解下来留在此间永镇山门。"

"好的!好的!请你问吧。"

"佛法讲四大本空,五阴非有,请问学士以什么为座?"

满腹经纶的大学士苏东坡,给佛印禅师这么一问,顿时哑口无言,只得留下身上的玉带。时至今日,金山江天寺所收藏的苏东坡玉带,成了价值连城的稀世古物!

宇宙人生的组成,有四大元素,假因缘和合而成。四大就是地、水、火、风,地是坚硬性的,水是潮湿性的,火是温暖性的,风是流动性的。人的骨头、牙齿是坚硬的,是地大;大小便溺是水大;人身的温度为火大;呼吸的气息是风大。四大不调,人就会生病了,四大分离,人就会死亡。

四大皆空,是表示宇宙人生皆为因缘和合,自性是空,从勘破四大的虚妄不真,有情众生才知道在苦海世界寻找一个常乐我净的彼岸。

四大看破,才能如憨山大师的"死尽偷心活计,做成没用生涯。收拾无穷妄想,换将一朵莲花"。

四大皆空,是大明咒,是无上咒,令我们梦想净除,心田上的一朵莲花,只取芬芳,不染污尘。

善昭禅师的故事

不恋繁华性自真。

宋朝汾阳善昭禅师,有一段"来为众生来,去为众生去",生死自如的公案,令人回味。

当时有一个朝廷大官龙德府尹李侯,下令善昭禅师到承天寺当住持。连下三道命令,禅师都无动于衷,府尹李侯于是派个使者去迎接禅师,临行时狠狠地威吓使者说:"听着,你如果不能实实在在把善昭禅师带回来,就把你活活打死!"

使者于是失魂落魄地来恳求善昭禅师离开汾阳,哀哀求告,请禅师一定要救他的命。善昭禅师看看不去是不行了,就考问众徒弟说:"我怎么能够丢下你们,一个人去做住持呢? 如果带你们去,你们又都赶不上我。"

有一个徒弟便上前说:"师父,我能跟您去,我一天可以走上八十里!"

禅师摇摇头，叹口气说："太慢了，你赶不上我。"

另一个徒弟高声喊道："我去，我一天能走一百二十里路！"

禅师还是摇头说："太慢了！太慢了！"

徒弟们面面相觑，纷纷猜测师父的脚程到底快到什么地步，这时有一个徒弟默默站出来，向昭善禅师叩首说："师父走多快，我就走多快。"

善昭禅师一听，高兴地微微一笑说："那好，我们走吧！"

于是，善昭禅师就一动也不动地坐在法座上微笑圆寂，那个弟子也恭恭敬敬地站在法座旁边立化了。

善昭禅师不恋慕世间权势名位，以生死为游戏，清净自在，毫无挂碍，随时随地一瞬即去的死法，是何等逍遥，何等圆满！

"不恋繁华性自真"，什么时候我们能放下世间繁华，什么时候我们就能在污泥中舒展如水的花瓣。

戚继光诵《金刚经》

应时时观照我们起心动念，勿令放逸，勿令起妄。

曾经，气象学家洛伦兹提出"蝴蝶效应"理论：亚马逊流域的一只蝴蝶拍动翅膀，会掀起密西西比河流域的一场风暴。由另一个角度看，这个理论也反映着小小因缘的不容忽视，就如同我们的心念，一念善是净土，一念恶则地狱。心念的力量不可思议，可从戚继光有一次为士兵持诵《金刚经》的体验中明白。

一个晚上，戚继光梦见一个阵亡的士兵为求度脱，乞求他帮忙代诵《金刚经》，并说："我的妻子明天会来拜访主帅。"隔天，士兵的妻子果然如昨夜所梦，上门拜访。戚继光也依士兵的请求，焚香持诵，将功德回向。戚继光以为这样就圆满了，没想到当天夜里，又梦见士兵告诉他："感谢主帅为我诵经，但是经中掺杂了'不用'二字，功德不全，所以我还是无法脱苦啊！"

戚继光醒来后，不明白究竟是什么原因，经文会掺杂了"不用"二字。左思右想，这才恍然，原来他在诵持《金刚经》的时候，夫人遣家仆送来茶饼，他心中生起"不用"一念，才使得诵经的功德无法圆满。

　　心念的力量不可思议，所以佛经常说"一念三千"、"心念不空过，能灭诸有苦"，佛陀在《佛遗教经》中，更明白地说："……此五根者，心为其主。是故汝等，当好制心。心之可畏，甚于毒蛇、恶兽、怨贼；大火越逸，未足喻也。"也因此佛门重视心念的修行，所以佛说："譬如牧牛，执杖视之，不令纵逸，犯人苗稼。"应时时观照我们起心动念，勿令放逸，勿令起妄。

　　如何观照呢？《华严经》提道："安住柔和忍辱法，常乐慈悲喜舍中。"《净行品》中，文殊菩萨也教导修行人一日之中，举凡聚会、盥洗、如厕、吃饭、走路、禅坐、布施等等，一切日常琐事，都应该培养自己心心念念都具备善美、慈悲、清净与喜舍。

憨山大师桥上打坐

一念更可以坐断三际妄想。

身处二十一世纪,信息知识的丰沛多样,让人目眩;事业工作的繁忙沉重,让人不安;生活行程的紧凑杂沓,让人动荡……心意上蹿下跳,人也显得虚浮躁动,思路无所适从、压力更是无从释放。

对此,许多企业推行"心灵训练"计划,即是透过禅修提高员工心灵的能量,正向的情绪及创造力。他们明白,从根本调整起才是关键;只要时时保持一颗明晰沉静的心,以积极喜乐的态度对待世间一切,那么无论身处职场或课堂,都能游刃有余、得心应手了。

怎么说呢?

明朝的憨山大师常常坐在木桥的桥墩上,听着溪水的声音。

有一天,他坐下以后,顿忘身心,念头一动就听见流水声,不动即不闻,最后众响皆寂,根尘俱泯。又有一次,在打坐时,又进入坐忘的境界,直到听到耳边数十声响,才微微觉醒,睁开眼睛一看,竟不知身在何处。

信徒对他说:"我离开的时候,师父就闭门打坐,今天已经第五天了。"憨山大师回答:"我感觉只有呼吸一下的时间而已!"

憨山大师因为心意静寂,而顿失根尘,万籁隐没。其实,人的一念岂止坐忘五个昼夜,一念更可以坐断三际妄想,但闻自性净土的水鸟说法,花雨纷落,任他境界刀兵水火、心识川流不息,我且日日醉卧野水春风。

因为,这一念,便足以驰骋天地古今,创意无限,巧思推陈出新;这一念,便足以跨越情绪的樊篱,洞悉真相,心胸开朗宽阔了。

得失之心

平常心,能把得失心置之度外,无牵无挂放手做,反能圆满完成。

从前,有一位将军统领百万大军穿梭在枪林弹雨里,毫无畏惧,威武勇猛。

这位将军生性喜好珍藏古玩。有一天,他在家中把玩心爱的茶杯古玩,一个不小心,差一点让手中宝贝滑落下去。虽然把茶杯抢救回来,却让自己吓出满身大汗,他暗忖:怪,我带领百万大军出生入死,都未曾这么害怕过,今天竟然只为一只小杯子,吓得满身是汗?

他终于悟到一个道理,因为有了"得失之心",对心爱的东西会有计较、有情绪,终究无法冷静,让惊骇与恐惧控制自己。一个领悟间,他毅然将杯子一扔,粉碎自己的贪爱痴妄。

一有得失心,就有恐惧心。买了股票,害怕跌停板;

写文章投稿，害怕被退稿；做生意，还没开张就害怕蚀本，一有惧怕心，便患得患失，束手束脚，反而难做事。

人生努力向上精进，虽然勇猛的精神可嘉，也得靠一颗平常心，于世间大善大恶里保持平衡。以平常心应对好人坏人，处理是非顺逆，而不致在得失里穷惊慌、忙恐惧；面对贫富穷通，也是一份平常心，才不会在起落间忧悲苦乐，懊恼不已。

有得失，心就会被利害驾驭，看不开，痛苦、烦恼、忧虑便紧随而来。平常心，能把得失心置之度外，无牵无挂放手做，反能圆满完成。将军从惊吓中省悟其中道理，又"舍得"放下心爱的古玩，当下不为物役，自在解脱，不但是位勇者，更是一位大智慧者。

以谁为师

觉性越高,智慧的开发越深,修行的层次越能向上提升。

近代艺术大师徐悲鸿,以画马著称世间,其笔墨淋漓,笔下的骏马特别受到世人的喜爱与称赞。他一生有此造就,父亲徐达章的教导,影响巨大。

徐达章为宜兴的知名画家,徐悲鸿自小耳濡目染,对绘画喜爱极深,经常央求父亲教他学画,徐达章以为先具足精深广博的学问,培养勤学苦读的性格,才能成为好的画家,故而要他先将学问扎实做好。

六岁时,父亲开始教徐悲鸿读书写字。一日,他在书房读《论语》,读到"子路问成人。子曰:'若臧武仲之知,公绰之不欲,卞庄子之勇⋯⋯'"这段文时,对"卞庄子之勇"感兴趣,父亲于是将"卞庄子刺虎"的故事为徐悲鸿娓娓道来,引发他对老虎模样的好奇。

有回，徐悲鸿请父亲的好友蔡医生为他画老虎图。而后，趁父亲不在家时，依样学样画起老虎的模样。父亲回到家中，不经意看见徐悲鸿的画，问道："你画什么呢？"

徐悲鸿回答："大老虎啊！"

徐达章不禁哈哈大笑："这分明是一只狗。"

这话听在徐悲鸿耳里，感到十分难过。见到儿子的反应，徐达章这才收起笑容，慈蔼地说："习画不是你想象中那样容易，最初要培养敏锐的观察力，再者要以自然万象为师，画花草树木，要以花草树木为师；画飞禽走兽，则以飞禽走兽为师；画男女老幼、士农工商，须以众人为师。用心观察他们的一举手一投足，才能画得逼真，画得别具风味。你画得不像虎，是因为你没见过真正的老虎，所以不必气馁，平日多加培养自己的观察力，日久功夫自是深厚。"

人类生活能力的养成，是从观察周遭一切获取；观察力越细腻，对事物的了解就越透彻。徐悲鸿画作上的成就，是父亲教育他善于观察事物细微处所致。英国科学家牛顿发现"地心引力"，是他比常人更具敏锐的观察力。

观察力是以"心眼"去研究事物，就佛法而言，是具备高度的觉性，觉性越高，智慧的开发越深，修行的层次越能向上提升。当初佛陀拈花示众，唯有大迦叶尊者破颜微笑，此乃尊者觉性的功大纯熟。因此，平日养成多方面观察力，观人、观事、观时、观地，则知识、经验与智慧的增益必在其中。

人的一生，每个阶段都是学习。学习，并非单从人的身上取得，有时候大自然的花草树木，生活周遭的小小事物，都是值得我们学习的老师，唯在自身是否懂得细心观察，认真虚心的学习了。

栖霞山人的定力

修行,当从修心做起,让心猿意马的心镇静下来,临乱不苟、遇事不慌。

抗日战争时,我在南京栖霞山寺出家,那时正值南京大屠杀后不久。日本军队凡走过之地,不是杀人放火,就是奸盗邪淫。

有一天,日本军队来到栖霞山寺,有个日本兵喝得醉醺醺,直嚷着要找"花姑娘、花姑娘"。当时寺里有一位出家人,出于民族性使然,看到日本兵无理取闹的要这个、要那个,一生气,拿起大门的隔栓便走上前去,朝那个日本兵的后脑勺一棍下去,当下脑瓜破裂,脑浆四出,当场毙命。

这一下子不得了了,如果日本军人知道,必定一把火把栖霞山寺烧了。不仅如此,寺里的出家人更是杀得一个不留。

当时,寄居栖霞山寺的出家人和难民很多,有一个修苦行的僧人,是专门管理全寺柴、米、油、盐、酱、醋、茶的库头师父。他一看,知道大祸即将临头,于是镇静非凡地叫门外的日本兵,意思说"出事了"。

日本军人一伙拥上来,透过翻译,这位库头师父表示,你们有一位同僚爬楼梯一个不慎跌下来,跌死了。正值战争时期,兵荒马乱,大家也无暇多想,反而感谢这位库头师的知会。可能发生的一场弥天大祸,就这么让库头师镇定的处理后,消失于无形。

后来,这位库头师父在栖霞山寺升任到当家职位,就是因为他做人处事具备稳重、正见、临危不乱的功夫。

修行,当从修心做起,让心猿意马的心镇静下来,临乱不苟、遇事不慌。以定力应变潮起潮涌的万千世界,将如利剑,斩断空花水月,任何人任何物也缚不了你。

小狗汪汪叫

改变外在的环境，不如改变我们内在的心境。

有一个年轻人，刚结婚时，逢人便说，有了家庭生活多么美好、惬意。单身时，回家吃泡面度日，现在一回到家，大门一开，笑容可掬的太太提着拖鞋让我穿上，一进到屋子里，可爱的小狗围着我汪汪叫，餐桌上菜香四溢，你看人生多么美好，拥有家庭多么幸福呀！

一年后，他逢人便诉苦结婚的烦恼，有了家庭的烦恼。因为现在一回到家，太太不再拿拖鞋给我穿了，她也有工作忙碌着，换成小狗衔拖鞋给我，我的太太绕着我汪汪叫，要求我要分担家事，要求我要懂得投资之道，要求我要准时回家……一年后，浪漫的烛光晚餐不见了，温柔可人的太太变成管家婆，结婚这么不自由，简直像个牢狱一般。

年轻人心情苦闷，跑到寺庙向一位法师诉苦。法师听完年轻人的话，告诉他："你大可不必再苦恼，你仍然可以过着幸福快乐的日子。为什么呢？你的拖鞋一样有善解人意的小狗给你衔来，太太对你要求的声音，就当作小狗可爱的汪汪叫，仿佛是像一首又一首的幸福乐曲。你的生活，还是和以前一样美满。"

这个世界怎么改变并不重要，重要的是我们内心的世界，不要陷入外境的迷思，平添烦恼。我们常因外境生心分别，一句好话上天堂，一句批评，茶饭无味，辗转难眠。《大方广佛华严经·普贤三昧品第三》说，如来的心"离诸谄诳心清净，常乐慈悲性欢喜"。凡夫的心原与如来无二致，只要懂得化悭心为舍心，化嗔心为喜心，化贪心为施心，化杀心为慈心，自然解冤消愁，不再于刀口上舐蜜，贪求世间五欲的滋味。

改变外在的环境，不如改变我们内在的心境。就如一池落花，两样心情，有人怜惜好花飘零，有人却喜花果将熟。

不能砍了

机智是一种幽默诙谐，以出人意料的方式化危机为转机。

有一个名叫欢乐城的村镇，平时人民生活安和利乐。一天，村里突然来了一群土匪，见人就杀，弄得满村鬼哭神号，村民四处逃窜。

大街上，有个矮子因躲避不及被一把抓住，正当土匪要砍他的头时，他一时惊慌，脱口说道："大爷！大爷！您别砍了吧！"

矮子颤抖着央求土匪："大家都笑我矮，这头一砍下去，就更矮喽！"

土匪一听，全都笑弯了腰，一个欢喜竟然把矮子放了。

机智，是一种随机应变的能力，往往能在紧要关头逢凶化吉、化险为夷。如春秋时齐国重臣晏子坚持自己的原则，以其应变的机智，终使秦国敞开大门迎接他；蔺相如完璧归赵，展现高度的机智、冷静，为赵国免去无谓的损失。

机智是一种幽默诙谐，以出人意料的方式化危机为转机。像清朝大学士纪晓岚巧辩"老头子"，一休禅师妙解"茶杯的死期"，他们都展现出一种机智的灵活性和生命力，在危机当前依旧谈笑风生、洒脱自如。

现代社会生活复杂、紧张，信息变化迅速，所接触的层面愈来愈广，无论在生活或是工作当中都有许许多多的人和事要面对、处理，若能拥有一份幽默机智，自能迎刃而解，轻松生活。

不动的中心

在繁乱之中,培养自己"动静一如"的能耐。

自从一九九二年成立国际佛光会以后,我经常为了会务奔走在世界各地,或者为了成立分会,或者为会员讲习,或者讲说佛法,可以说是仆仆风尘,经常绕着地球跑。

有一位徒众写信给我,信中表示:师父好像时钟的中心,中心如果一动,时间就不标准了。意即希望我留在山上教导大家,不要经常外出走动,如果我在,弟子们会像分针、秒针,一分一秒都会很标准;如果我不在,就失去规律了。

乍听之下,会认为这句话很有道理,再仔细想想,中心应是不动的,由中心散发出来的力量,不管是时针、分针,还是秒针,照样可以正常运作、走动。

佛教里有所谓"动而不动",佛陀有三身:法身、报身、化身。"法身"是真理法性，是如如不动的；但是"应化身"可以随缘应化，就像观世音菩萨三十三应化身，到处应化度众，观世音菩萨观众生之机，应以何身得度者，便化现何身度化之。

常有信徒、弟子告诉我："大师，您做的事情太多了，您工作太辛苦了！"他们哪里明白，工作时，不在形象上计较，也不觉得自己有功劳，就不会觉得辛苦。如同我们有心，心可以不动，但是眼、耳、鼻、舌、身要动：眼睛能看、耳朵能听、嘴巴能说、手脚要活动做事。

如何才能不动心？这就要借由禅坐的修持，学习不动心。

在繁乱之中，培养自己"动静一如"的能耐，所谓能动能静，就像时钟的中心不动，但它的分针、秒针一样可以运转，又像太阳不动，一样可以散发光热，照耀大地万物。

调心，

如同饲养习惯的牛，

不用绳子栓扣，

放任自由吃草，

它不会跑走，

也不会乱来。

走过无常幽谷的人，
才能在荒原闻到心底的花香。

以定力应变潮起潮涌的万千世界，

将如利剑，斩断空华水月，

任何人任何物也缚不了你。

禅，充满微妙的机锋，

如同繁花丛丛，

每一朵花的颜色和香味，

都是宇宙间的唯一，

一点也模仿不得！

演员与禅师

每个人悟得的境界都是不可言说，也是独一无二的。

有一位马戏团的演员，每天密集地演出九十九场，而表演的方式都千篇一律，可是他仍乐此不疲，兢兢业业地表演了一辈子。

一日复一日，他表演将苍蝇的翅膀贴在别人的鼻尖上，然后挥起利剑，"嗖"的一声将苍蝇的翅膀从鼻尖上砍下。刹那间，苍蝇的翅膀和鼻尖分开了，但是两者却毫发无伤。这位演员的技巧已达到炉火纯青的境地，场场都赢得满堂喝彩。

自学艺开始，他心里只有贴在鼻尖上的蝇翅，除此之外的事物都视而不见、听而不闻。一直到他八十八岁，老态龙钟时，在他心里依然只有蝇翅和鼻尖的存在。纵使眼睛花了，却通身是眼，已不需要以肉眼见万物，登台演出时，仍然场场爆满、精彩绝伦。

有一天，他向团长请假，前往拜访一位禅师，打算改行学禅。

禅师问他："你是用什么方法将蝇翅从鼻尖上砍下的呢？我建议你应该把它写下来，也许能成为一本世界上最畅销的书！"

老演员答道："把蝇翅从鼻尖上砍下来，我没有任何方法。如果要我写一本书，那么它将会是空白的。"

禅师说："你不是要跟我学禅吗？那么我告诉你，我的禅法也是空白的。"

老演员愕然，仿佛听到了鼓掌的声音……

寒山大师说："吾心似秋月，碧潭清皎洁。无物堪比伦，叫我如何说。"每个人悟得的境界都是不可言说，也是独一无二的，唯有靠自己去体证，亲身经历，才能见得那悟后的风风光光。

木匠与画师

惭愧自己只见虚妄的外境。

有一位名闻天下的雕刻家，凡是经过他一手雕刻的木器，其模样比实物还要逼真。尤其他雕了一个妇女像，将女人的神态雕塑得惟妙惟肖、栩栩如生。

还有一位画家，笔下的山水鸟兽，见之犹若听得水声鸟鸣，出神入化的画技无人可比。这两位有名的艺术家，各有盛名，互有闻名。

有一天，他们相约见面，画家先去拜访雕刻家，宴席间，画家看到旁边站着一位美丽女子，不禁为之神迷。他原本打算吃过饭就要离开，却被女子迷住，迟迟不肯离开。雕刻家看穿画家的心意，便说：

"你吃过饭就不要走了，留在我这里休息吧！"

"好啊！"

画家求之不得，高兴地留了下来。等到雕刻家回房休息后,画家迫不及待地往前跟这女子讲话,等到靠近一看,才发现这女子只是一座塑像。画家发现自己上当,也心生一计,他在墙上画了一幅山水画,庭园、楼阁、小桥、溪流……美不胜收。

隔天一早,雕塑家醒来,看到家里四周的环境,惊讶得说不出话来。心想:我家怎么变了? 我发财了吗? 我家怎么有楼阁庭园,怎么有山也有水了? 他不可置信地边走边观赏,一不小心碰到还蹲在地上作画的画家,这才恍然大悟,原来一切美景只是画家画出的幻境啊!

两位艺术家互视片刻,心里生起惭愧,惭愧自己只见虚妄的外境,却看不到自己那波涛汹涌的内心,而被一时的外相迷惑了。

从此,两个人更加惺惺相惜,相约一齐学道,不但重视外在的形象,更重视内在修持,他们发愿美化内心的世界,更而创作出扣人心弦、于人有益的作品。

安全第一

性情一浮动、慌乱,就容易引发种种争端与病态,不能不慎。

现在的交通,对台湾整个社会的影响很大。所谓"交通",得要有"公共的秩序"。有少部分的人不按照交通规则,走自己的路线,因而引发撞车的严重事故;要不就是没有保持安全的距离,而不断发生连环车祸;或者酒后驾车,造成丧身害命;甚至随处停车、随意走人行路线,都因不守交通秩序,扰乱交通的顺畅。

多年前,看到我们的交通官员,立了很多的标语。其中一句标语很能打动人心:"妻儿倚门望,安全驾驶归。"旨在提醒所有的驾驶人,你的妻儿在家门口等着你,你要安全地驾驶,平安地回去。

我自己也经常行走在高速公路,或是大街小巷中,眼见各式驾驶风度,不禁也拟定了一个标语:"不急不急,安全第一。"因为所有车祸的发生,多半源自太着急、急于赶路、急于超车、急于超速。假如能够让"不急不急,安全第一"这句话深植脑海,那么"开车慢一步,可保百年身"。

"不急不急,安全第一"不只是开车时应当持守的,任何事也应该让自己的心意"不急不急",例如:"不急不急,礼貌第一","不急不急,风度第一","不急不急,健康第一","不急不急,清洁第一"。很多问题的发生,都是由于太强、太快、太赶的缘故。飞机,喷气机最快;火车,"自强号"最快;汽车比机车快,机车比脚踏车快……都是讲求快速,快得连自己性情也驾驭不住了,性情一浮动、慌乱,就容易引发种种争端与病态,不能不慎。

所有的驾驶人,甚至每一个人如果都能奉持好"不急不急",我们的社会和生活必定能够"安全第一"。

警车开道

换个角度看看,世界必定大不相同。

多年前,有一位政府官员邀请我环岛讲经说法。我从台北出发,再到宜兰、花莲、台东、屏东、高雄、台中……准备到新竹时,车子开到了苗栗,竟出现严重堵车的情况,原本两车道的高速公路,几乎变成四路停车,长长一条路上,所有车辆动弹不得。

眼看就要接近六点钟举行餐会的时间,想到要信徒与地方长官等候,心里万分着急。那位长官万不得已,打了一通电话,随即三部警车出现,两部警车在路肩为我们开道,一部警车随后。

当时,高速公路上所有车子几乎是停在原地的,而我们的车子却能超速前行。那些随行的年轻徒众心里好生得意,我说:"假如警车不是载我们去赶赴会场,不是去讲经弘法,而是押着我们准备送到监狱囚牢,你们心中有什么想法?"大家一听,异口同声说道:"喔!那心情就不同了。"

警车开道,警车是一般,向前行是一样,但目标不同,一时的得意洋洋,也成了伤感。

世界变化万千,可以有扭转自心的豪气,却不可有改变世界的"废气"。任世界变化,我心自有主张、自有认识,看法也大有不同,这就像群众堵在高速公路上,我们却走在路肩,这不是特权吗?假使能反省到特权并非好事,而心生惭愧,心情又当不同了。

日常生活里,遇到欢喜或不欢喜的境界时,不以自己一厢情愿、肤浅的想法去认识和体会,而能经过一番深思,换个角度看看,世界必定大不相同。因为,用心去改变世界,是快乐的;而随世界所转的快乐,是不会长久的。

把烦恼还给他

世上会赚钱的人比比皆是,但是会用钱的人是稀有难得。

有一对年轻夫妇,同在一所小学里教书,虽然待遇不高,但是每天夫唱妇随地上下班,倒也愉快。隔壁的大楼里,住了一位董事长,每天为钱苦恼,怕被偷、被抢,所以生活得很不自在。

有一天,他听到隔壁传来愉快的歌声,非常不高兴地说道:"他们住的如此简陋,生活得如此清贫,还弹什么琴、唱什么歌? 我住在高楼大厦,有地位、有钱,为什么这么苦恼呢?"

他的秘书忍不住开口:"报告董事长,如果您嫌苦恼的话,可以把烦恼送给隔壁的夫妇啊!"

"怎么把烦恼送给他们呢?"

"您可以送给他们一百万元,反正一百万对您来说也只是九牛一毛。"董事长勉为其难地决定试一试。

这对甜蜜夫妻一夕之间得到一百万，欢喜得不得了，整个晚上无法安眠，不知道要将一百万藏在哪里，放在枕头下、床底下、抽屉里、橱子里，到处都不安全。就这样折腾了一夜，直到第二天天亮，这对夫妻终于有了一个醒悟，决定把这一百万元还给董事长，并说："这是您的烦恼，还是还给您吧！"

钱非善非恶，用在功德善事，钱即是净财；用在长养贪心，钱即是罪恶。虽然世间上有钱是一种烦恼，但是有钱却可以帮助别人，为他人服务。所以说："法非善恶，善恶是法。"

世上会赚钱的人比比皆是，但是会用钱的人是稀有难得。"钱用了才是自己的"，这句智慧的良言，又有几人会得？

牢狱很大

心中有事世间小，心中无事一床宽。

有个囚犯，住在一间只有一二平方米大小的牢狱，由于活动空间有限，感到十分拘束和不自由。他内心非常愤慨，认为自己受尽委屈，每天抱怨被关在这么小的囚房，怀着怨恨不平过日子。

有一天，小小的牢房飞来一只苍蝇，他想把它捉住。囚犯全神贯注地追赶着苍蝇，无奈苍蝇比他更机灵，每当快要捉到它时，它就轻盈地飞走了。苍蝇飞到东边，他就向东边一扑；苍蝇飞到西边，他又往西边一扑。他追得气喘如牛了，还是捉不到这只小苍蝇。坐在地上，疲惫不堪的他，若有所悟。他慨叹小小囚房原来这么大，连只苍蝇都捉不到。

"心中有事世间小，心中无事一床宽。"大和小，原是我们心里计较分别所产生的，就像被关在小小牢房的囚犯,终日怨恨居住的空间。其实,世界的大小不重要,重要的是自己内心的世界,是大呢? 是小呢?

心能转境,就能把小小的囚房变成三千大千世界,和法界一样宽广。心中不能转境,就是住在一个大花园、大别墅里,日子久了,也会感到无所事事,空洞、拘谨、不自由。因此,不要光是计较环境的好坏,应注重心的力量、心的大小、心的宽容度。

过去有一个无门和尚,曾经说过:"春有百花秋有月,夏有凉风冬有雪。若无闲事挂心头,便是人间好时节。"无论春天花开,夏吹凉风,秋月皎洁,冬雪纷飞,只要心不为外境动摇,不为是非、得失、荣华富贵左右,日日都是好时节,心心念念都能坦然自在。

豆腐账

参禅,使我们找回久被遗忘的性灵。

在某间寺庙的附近,开了一家豆腐店,店老板常常送豆腐到寺院里,他看到禅堂的门窗长年紧闭,实在好奇,很想进禅堂里一窥究竟。当初大陆寺院里的禅堂,一般人是不能进去的,但是卖豆腐的不死心,不断地请求拜托,最后法师答应让他进来坐坐。

当豆腐店老板走进禅堂,发现四周鸦雀无声,禅堂里的每个人盘腿而坐,眼观鼻,鼻观心,如如不动。他浏览一会儿,觉得没有趣味,于是跟着别人安静下来。他静静坐着,回忆起许多过去的事情,像银幕上的影像,一幕幕浮现,他感受到前所未有的宁静。

参完一支香,卖豆腐的逢人便说,参禅很好!参禅很好!有人问他好在哪里?他说:"当我参禅时,慢慢地记起了老王向我买十块豆腐,一块豆腐五毛钱,欠我五块钱。我只坐了一支香,就赚了五块钱!"

参禅,使我们动荡的心回归寂静,浑浊的心得到澄清,它的妙用不只是记起多年的一笔豆腐账,而是洗涤内心重重的尘垢,记起我们有个不动、不痴、不染、不变的主人翁。

外面再美的景致,无法使我们真正地休心息虑,只是空费草鞋钱。世间的杂志、书报,各项视听娱乐,无法使我们内在悠然清心,不过徒增声色的贪得、是非的爱染。

参禅,使我们找回久被遗忘的性灵,重新和它握手言欢,寻回清净具足的如来佛性。禅,是一场内在的革命,为我们寻回如香草的悲心、满月的慧心、金刚的愿心、云水的舍心。

制心如牧牛

管理我们的心,就像管理牛马。你不管它,心无处可安。

经典里譬喻我们的心像盗贼,住在身体这个村庄里,每天用眼、耳、鼻、舌、身、意六根,不断地向外攀缘,盗窃我们的功德宝藏。经典里也譬喻我们的心像国王,每天颁布命令给眼、耳、鼻、舌、身,指示它们如何看、听什么、怎么做;又有譬喻心像童仆、奴隶,给我们叫唤使用,如猿猴,每天在树上跳跃奔走,所谓心猿意马,一刻不停留。

真正说来,我们的心像一个工厂,可以生产很多的产品。说的话、做的事,甚至知识、智慧,都是从心流露出来。好的工厂,生产的品质高;不好的工厂,生产劣质产品。心的工厂没人管理,就会滥造劣质产品。

如何管理我们的心,经典以牧牛作譬喻,即"制心如牧牛"。宋代的廓庵师远禅师甚至撰绘《十牛图》,附上自序和偈颂,阐示修禅制心的方法、顺序,至今脍炙人口。

牛,放纵不管,会渐渐懒惰、不做事、不耕田、不拉磨;心,不用它,会慢慢迷糊、愚昧,本来具足的光明体愈来愈暗。心像牛,不管理不调伏,它会胡乱行走,把田里种植的庄稼踏坏。

"制心如牧牛",如果你把牛管理好,它会很温顺、勤劳,安分守己地工作。管理我们的心,就像管理牛马。你不管它,心无处可安,每天在色、声、香、味、触、法的尘劳世界、功名富贵上计较比较,把清净的本心自性,搅和得天翻地覆,不得安宁。

调心,如同饲养习惯的牛,不用绳子拴扣,放任自由吃草,它不会跑走,也不会乱来。做人处事也要调伏如牛的心,调伏得能听自己的话,则一切皆成。

聪明的答案

生命的意义在延长它的价值。

有一位国王很欢喜鸟类中的大雁。尤其当大雁飞在天上，有时候排成一字，有时候排成人字，可见大雁是很聪明的。

国王命令猎人捕了许多大雁，养在笼子里，每天喂以美味饮食。笼子里的大雁雀跃欢喜，因为在野外天天寻求生活饮食，实在不容易。现在在笼子里，不必飞行找寻，就有美食摆在眼前，岂不令人高兴吗？

雁群中，有一只大雁却忧愁不悦，它不吃任何东西，偶尔只喝一点水。其他大雁笑它不知时势：在这笼子里，有得吃、有得喝，还烦恼什么呢？

过了一两个星期，那只不吃食物的大雁慢慢消瘦下来，不再像一只大雁。有一次，趁着猎人不注意的时候，瘦小的大雁从笼子的铁缝钻了出去，恢复自由之身，重回天空快乐翱翔。其他的大雁因为饱食终日，被猎人养得肥肥胖胖，不要说在铁笼子里飞不出去，就是铁笼子打开，它们也飞不动了。

所谓"笼鸡有食汤镬近，野鹤无粮天地宽"，经常给美食奉养习惯，往往只知懈怠、懒惰，不知道自由的可贵，不晓得另外一个世界的美好。因此有人说，牛马畜生，水草之外，别无他求。值得思考的是，拘禁在牢笼的框框里，难道只是为了饱食终日而已？

人不是牛马，不是大雁，应该在饮食之外，有志愿、有理想、有抱负，为我们的国家社会、种族、社区、家庭、朋友、子女努力奉献。

生命的意义在延长它的价值，在推广我们的慈悲。把爱心散播出去，给予大家共享共有，在自由的天空里，广结善缘。

教授挑水果

境缘心枉起，心悟境自忘。

面对外境的打扰，我们是不是能坚守自己的原则，保持原来的心境？或者随着别人起舞，或者与人争执、大动干戈，或者心烦意乱、意志消沉。

社会上，为着谁擦撞了谁的车，拳脚相加；为着一句不顺耳的话，怒目相向；为着谁辜负了谁，反目成仇……凡此种种，常有所见。难道外境的力量真的那么大，总让我们的心浮浮沉沉、不能自已？

其实不然，佛教说"心如大海无边际"、"虚空非大，心王为大"、"心如工画师，能画诸世间"，心的力量不可思议，是力不从心？是自心作主？但看我们是愿意要境乱心，还是以心转境。

有一位教授，带着小儿子到市场去买水果。在水果摊上挑选水果时，小贩不耐烦地说道："先生，你到底买不买？不要这样挑来挑去。"

教授礼貌地回道："买！买！"随即又将挑好的水果交给小贩："多少钱？"

小贩露出不以为然的表情："这可是很贵哦，你买得起吗？"

教授依旧谦虚地回答："买得起，买得起。"并把钱递给小贩。

回家路上，小儿子一路沉默。快到家时，终于忍不住向父亲抱怨："爸爸！您是教授，是学者，是我心目中的偶像、景仰者。为什么今天却让一位小贩如此吆喝，您一点也不生气？"

教授摸了摸小儿子的头，说："待人有理、谦虚、礼貌是我的水准，无礼、势利是小贩的水准，我不能因为一个粗鲁的人，破坏我自己的水准。"

"境缘心枉起，心悟境自忘。"只要我们明白了外境就像浮云，虽然多姿多彩教人神迷，却虚妄易变，就能静观浮云来去，自得自在、无束缚地面对日常中一切人事境遇！

锦标并列

保持"正念",便是念念住于善法,住于正知见中,看清人间万事来去不息、虚妄不实。

影星米高·霍士,在得到第一座艾美奖时,高兴得将奖座带回家给人看,并自鸣得意地把它放在大厅桌上。第二天下楼时,赫然看到弟弟的拳击锦标、母亲的滚球锦标、父亲的桥牌锦标和它并列,大家什么也没说。

后来,米高·霍士常向人提起:"如果成功让我冲昏了头,我的家人总能使我清醒。"

在成功中保持清醒是一种自觉力,这种自觉力让我们不致在浮名虚利中迷失自己。人一旦迷失自己,不但伤己害人,更可能丢失生命难能可贵的价值。

佛教认为,一个学道人必须冲出恭敬、名利、权位、金钱、情爱的重围,才能身心自在,进而能在繁华人间帮助他人、圆满自己。所以古德言:"一破牢关金锁断,等闲信步便归家。"

　　然而，繁华人间五光十色，教人目眩神迷，要能不动心谈何容易。因此佛陀提醒我们应时时保持"正念"，便是念念住于善法，住于正知见中，看清人间万事来去不息、虚妄不实，而能够明明白白、清清楚楚自己该着意的是什么，该做的是什么，该放下的是什么，该争取的是什么。时时保持觉醒、知道判断才不至于让自己的心走失，陷入五欲贪爱的沼泥中无法自拔。

　　米高·霍士的家人要"说"的，便是这个道理了。

茄子的故事

凡所有相,皆是虚妄。

　　陈老太太是一位虔诚的佛教徒,每天一大早都会赶到寺院做早课。一个昏暗的清晨,她仍是披星戴月地赶往寺院。途中,一不小心,踩到一个东西,听到一声"扑哧"的响声,她想完了,我竟然踏死一只青蛙,怎么办呢?

　　陈老太太内心非常难过、自责,一路上懊恼、不安,认为自己是来拜佛修行的,怎么这么不小心害死一个生命,真是罪过、罪过!

　　早课完后,陈老太太放不下被她踏死的青蛙,于是匆匆忙忙赶回家。一路上,寻着足迹,沿路寻找,希望能将它好好掩埋,以弥补自己的过失。

　　突然眼前一亮,地上躺着两个被踩扁的茄子。这时,陈老太太恍然大悟:原来早上踏死的不是青蛙,而是茄子啊!

日常生活中，我们也常常疑心生暗鬼，自我制造假相，自寻苦恼。有时一句话没听清楚，便猜疑计较；有时没有看明白，就妄自议论，因而滋生许多的疑惑，制造许多困扰和误会，真是"天下本无事，庸人自扰之"。

《金刚经》云："凡所有相，皆是虚妄。"对于妄相固然要去除，但是对于真相也不能太过执着，才能超脱诸相，安然自在。

风水地理

心里有主,则"日日是好日,处处是好地"。

有一位地理师,天天给人看风水地理。有一天,台风吹倒了一道墙,把他压倒在墙的下面,地理师惊慌地大叫:"儿啊!赶快来救命呐!"儿子不慌不忙地说:"爸爸!你不要着急,让我去找黄历来看看,今天能不能动土。"

常人总喜好择定吉日吉时,破土动工。倘若地理师说:"不能这样建,否则对你父母不利。"谁愿意触自己父母的霉头?当然就得受迷信控制。要是有人再说:"不能那样建,对你的子女不好。"谁愿意坏了子女的福德?好!房子不要建了。受堪舆风水的控制,到最后建起的房子,可是自己心中的向往?

佛光山的万寿园,是一处让佛光人、佛教徒安然往生的归属地,常有人因亲友故世,想安葬在这里。如果遇到这些深信地理风水的人,我总会告诉他们:"最好不要找地理师来看风水。"因为找地理师看风水,必须要管理公墓的人先送红包给他,如果不送,在看了墓地后,即使丧家主事者觉得满意,也会借故说:"这块地方向不好,如果你的父母安葬于此,恐会犯冲。"如果听信了这些话,岂不是要错失良地?

这世间,人有人理、物有物理、情有情理、事有事理、心有心理,乃至天理、地理。"理"不是一成不变,不能融通消化,例如一间房子的位置正中、左右对称、高低、向阳、通风、门窗,都是它的地理。

人是万物的主人,人心可以左右一切,日常生活不为迷信所囚,不被神权控制,要依"理"而行,要相信事在人为,不靠迷信。好风好水、一切福田都离不开心地,心里有主,则"日日是好日,处处是好地"。

飞机上的时间

要懂得安排自己的时间。

一年当中，我经常飞行在世界五大洲。有时为了国际佛光会的各种会议，有时为了檀讲师、会员、徒众各种讲习会上课，有时为了一场已经答应的演讲，或不忍拂逆信众请法的真诚，得绕上大半个地球赴约。虽然忙碌，总是心甘情愿为大众服务。

从这个国家到那个国家，甲地到乙地，民情风俗各有不同，浓烈的人情味，信众的热诚叫人感动，飞机上的时间却不好受。像是从台湾飞往纽约就要十六到十八个小时，做了十几个小时的空中飞人，真像脱了一层皮似的。

汽车在路上奔跑，两旁有房子花木、山水稻田……种种风景，煞是好看，心中有落实感。搭飞机，穿梭在缥缈云雾里，也不晓得身在何处，漫漫旅途很难打发时间。

所以吃安眠药、看电影、打电子玩具，和朋友或邻座的人聊天，千奇百怪，无非是要让时间好过。

如何调配飞机上的时间？就是让自己忙起来。上飞机后，可以看看报纸、看看杂志，先把心定下来。等到吃过饭，整理整理东西，借此动手、动脚，作为饭后运动。也不要吃得太多太饱，让身心舒畅，这时候就可以睡觉休息，不会有人打扰。等到精神饱满，就可安心做自己计划的事情，而不致度秒如年。

写文章的人，可以完成好几篇作品；好阅读的人，可以准备图书在飞机上品读；喜欢看武侠小说的人，一看入迷，忘了时间，时间倏忽即逝。我平时无暇看稿，就把稿子收集起来，利用飞机上的时间看稿、改稿，既可以消遣时间，又能写稿，一举两得。

总之，要懂得安排自己的时间，安排妥当，不必看表熬时间，出发点与目的地，会在一眨眼间。

香花与臭鱼

堕落与光明，在一念觉醒的观照。

某日，一群捕鱼的人，在卖完鱼之后，已经太晚，错过住宿旅店的营业时间，便就近投靠一间花店过夜。缤纷五彩，开着各色灿烂花卉的花店，四处弥漫着馥郁的香味。到了夜里，这群渔人个个辗转反侧，难以成眠。众人都不明白是何原因，使他们无法安心入睡？其中一个人忖想着，大概是花的香味太浓，所以才睡不着。他把装鱼的鱼篓、鱼篮等器具，拿来放在床头，大伙闻到了鱼腥臭味，便很快地就酣然沉睡了。

一个人的习惯，常不知不觉地在改变个人的命运。所谓"近朱者赤，近墨者黑"，平时内心的善念恶念，往来的君子小人，行止的合法非法，语言的柔软粗恶，都在无形之中影响我们外在身相的美丑，人缘的好坏，品格的洁秽，甚至一生的成败，都和身口意三业的习性有关。

如《菜根谭》说，为恶之人，"如磨石之石，不见其损，但日有所减"。为善之人，"如入幽兰之室，不见其增，但日有所香"。

一群终日与鱼腥之味为伍的渔人，住入兰芷荪蕙之香的花室，却难以入眠。一个人如若不常自我检视心念习性，亦如卖鱼者，渐渐的习惯于腥味，爱着腥味。《增一阿含经·放牛品》："莫与恶知识，与愚共从事，当与善知识，智者而交通。若人本无恶，亲近于恶人，后必成恶因，恶名遍天下。"

人的心如一匹纯白的玉帛，染上香华的清香或是臭鱼的腥秽，全在于我们日常生活中，是和善法或恶法为伴？交往的是愚痴之人或是智慧之士？

目前社会上高喊"戒毒"，其实凡是伤害个人身心健康、家庭和谐，以及品性智慧，或者侵犯他人的身体、名节、财物、安全等，都是我们必须戒除的"毒品"。

香花与腥鱼，堕落与光明，在一念觉醒的观照。而所谓的勇者，也不过是敢于向自己丑陋习性挑战之人。

哭婆与笑婆

依靠镜花水月的无常世间，是安顿不了我们的身心的。

某个村子里有位爱哭的老太太，每天哭哭啼啼。因为她有两个女儿，大女儿嫁给卖雨伞店的人家，小女儿嫁给米粉店的老板。天气晴朗时，她总是挂念大女儿的雨伞卖不出去，遇到下雨天，她开始为小女儿着急，万一米粉没有太阳晒，发霉了怎么办？于是出太阳时，她为雨伞店的大女儿哭；下雨了，她为米粉店的小女儿哭。不论是晴是雨，老太太都要哭，因此，人人叫她"哭婆"。

后来她遇到一位出家人，请他开示要如何才能不哭？法师微笑地对她说："你改变不了天晴天雨，却可以主宰你的心情。世间的事物的好坏仅在一念之间，烦恼和菩提也是一体两面的。以后，你看到出太阳，你就为小女儿欢喜，可以晒干很多米粉；如果下雨，你就想到大女儿，今天雨伞店的生意一定很好。这样你就不会再烦恼哭泣了。"老太太改变自己的想法，从天天哭泣的"哭婆"，摇身一变成了笑颜迎人的"笑婆"。

外在的风雨，终有停止的一刻，但是我们内在的风雨，如何才能归于平静？在《大庄严经》中："依止因缘，无有坚实；如风中灯，如水聚沫。"依靠镜花水月的无常世间，是安顿不了我们的身心的。"哭婆""笑婆"原是一体，贵在一念转境。

当你埋怨下过雨的路面，泥泞难行，何不抬起头来，看看满天星光，正为你照亮脚下的路？

神通一毛五

拥有神通未必能自由自在，不如得到内心的慈悲智慧的财宝。

话说有师兄弟两个人，师兄不喜好研究佛学，只是好奇于神通，到处寻找名师学习神通的本领。师弟老老实实在寺庙研究经文，深入佛法。

二十年后，师兄真的学会了神通，呼风唤雨、撒豆成兵，可是这个师弟还是一心读诵经文，数十年不改初衷。有一天，两个人在江边相逢，准备要渡船到江的对岸去。

师兄看到二十年不见的师弟，心里充满重逢的欢喜，不禁关心他的近况，问说："师弟你多年来学习佛法，有些什么成就吗？"师弟回答："我仍旧研读《华严经》、《法华经》等经教，每天早晚以《金刚经》作为我的定课，如此而已。"师兄一听，叹一口气："唉！你真没出息，每天只会读经、念经，没能显义成文，又没有神通自在。像我得到名师的指点,已有了神通自在。"师兄立刻显现神通走到的江面,乘着万顷波浪,凌波虚渡,如履平地,用神通横过长江,让岸上的人看得稀奇不已。而在长江的这一边,师弟他花了一毛五买一张船票,也到了对岸。

师兄等到师弟上岸,骄慢地说:"你看愚兄刚才一个凌波虚渡,神通价值如何?"师弟回答说:"师兄,你的神通只不过一张船票的价值,值一毛五分钱呀!"

师兄辛苦二十年飞行过江的神通,师弟只要花一毛五分就能得到,神通不是哗众取宠的杂技表演,修行更不是只为求得神通的,如智者大师在《释禅波罗蜜》教育学人,禅者,若无大悲正观,发心邪僻,终不得与禅波罗蜜法门相应,可见佛法以大悲为根种,以发菩提心为正行,而佛教的六种神通,是行六度万行所证得的,如同当年的悉达多太子成道之际,他对着魔王说,尽大地的每一寸微尘沙界,无不是他因地修行喜舍头目骨髓之处,因此悉达多才成就万德庄严的佛陀。

神通,对一个烦恼未断的人反而不是幸福的事,试想,你有了天耳通,听到旁边的人在说你的坏话,你怎么能自在呢?你有了他心通,知道人家心里面对你不以为然,你怎么能自在呢?你有了宿命通,知道自己和亲人什么时候会死，你有办法自在吗？所以拥有神通未必能自由自在，不如得到内心的慈悲智慧的财宝，对于佛法有正确的见闻，如《般若心经》所言，照见五蕴皆空，自然能度一切苦厄，在诸行幻化的世间，能空有自在，垢净自在，寻得一个不生不灭处。

鬼壳的面具

人生除了穿衣吃饭，物质的生活以外，也需要有精神心灵的满足。

有个勤劳的媳妇，家里打点的一尘不染，白天忙完家务后，晚上到寺庙里听经、念佛，参加宗教的活动。但是婆婆很不喜欢，总是对她晚上不安分地待在家里，反而跑到寺庙道场去共修，不很谅解。尽管婆婆百般刁难，但实在也挑不出媳妇的毛病，这个勤劳的媳妇还是欢喜到寺庙道场参加共修活动。婆婆为了阻止她到寺庙去，想了一个计策。

媳妇从道场回家的途中，婆婆用一个鬼壳的面具，套在脸上，躲在黑暗的路上吓她。媳妇并没有被鬼怪吓着，反而生起一份慈悲心，牵着"鬼"的手说："哎哟！你好可怜哟！怎么长这个样子呢？"装鬼的婆婆看到媳妇毫不动容，吓得落荒而逃。

婆婆回到家，心里想，媳妇马上就要回来了，她赶快要把这张鬼壳的面具拿下来，可是任她怎么拉扯动弹不了，这丑陋的面具好像粘到她的肉里。媳妇看到婆婆的样子，马上明白事情的原委，她安慰婆婆说："来，不要着急，我来帮你拿。"那种慈祥、温和、柔美的音声，终于感动了婆婆。"啊！媳妇，我对不起你，我现在才知道佛教信仰的伟大，让你的心量如此宽容和慈悲，我以后也愿意跟你一起去道场修行。"

　　现在台湾的社会里，佛教很兴隆，各个道场都有许多共修的活动，我想难免夫妻、婆媳、亲子等等，对信仰的兴趣不一，或是丈夫去参禅，太太在家等候；或是太太去念佛了，先生在家带孩子；或是公婆看到媳妇老是外出，甚至于儿女看到父母晚上都不在家，难免会有一些意见。

　　人生除了穿衣吃饭，物质的生活以外，也需要有精神心灵的满足，借此扩大自己的心灵视野，升华自己的精神世界。所以，家庭里包容各人的宗教信仰，尊重每一个成员信仰的自由，只要是向善去恶的信仰，不是敛财骗色的邪门歪道，只要是合于理法的信仰，那么各人称各人的教主的名，各人念各人的经，不也是宗教的大融合吗？

停下来最好听

学习安静下来，以禅心养性，以禅意美化人格。

佛门早晚课中，唱赞、诵经的音声称为"梵音海潮音"，意指唱诵时，此低彼高，此高彼低，像海潮一波一波涌起。佛教的赞偈，音声虽有高昂、宛转，但都是单音，司打的木鱼、铛、铪等法器，无论是哨、咚、叮、叩，也都是一个单音，如一波一波海潮相继起伏，能导人心意渐趋平静。

一般的音乐，如管弦乐、交响乐，是各式乐器相互配合，演奏出气势磅礴的音乐。虽然音声华美，但对佛教徒的性格而言，并不一定能够接受。

我明白音乐、艺术对人生的重要，甚至对佛教的传播也影响甚巨。佛教艺术中，云冈、龙门的石窟，傲立千古；渔山的梵唱，至今回响，而有所谓"此音只应天上有"的美称。因此，我邀请一位音乐老师，为佛光山佛教学院学生教授音乐。这位老师要求音响设备要俱全,以辅助教学,为了学生的学习,我不顾价格的昂贵,花钱添置种种音乐器材、音响设备。

有一天,这位老师在课堂播放一曲交响乐,震动人心。当音乐乍然停下,他问学生:"哪一段音乐最好听?"当中,有一位学生回答:"停下来的时候最好听!"

"无声胜有声",停下来,是一个宁静无扰的世界,要比有声世界更扣人心弦。因此,文殊问维摩诘:云何菩萨入不二法门,维摩默然,得文殊赞叹。

社会上,充斥着汽车、飞机、摩托车、喇叭声,甚至人们大声喊叫、小孩子啼哭,喧天音声的疲劳轰炸,叫人心浮气躁。曾经,一群年轻人到佛光山来,身上还背着录音机,大声随着音乐喊唱,我心里想,难得因缘到宁静悠然的寺院,怎么还要用社会的音声麻醉自己呢?实在枉然一趟宝山行。

平时烦扰追逼,心浮气躁,何不择清新晨光、夜阑人静时,学习安静下来,以禅心养性,以禅意美化人格。

唵嘛呢叭咪吽

信心使无情豆子跳动，看似神奇，其实信心的感应比比皆是。

从前，有个没读过书的乡下老太婆，天天念"唵嘛呢叭咪吽"，她认不得"吽"字，把它误念成"牛"。老太婆早晚要念满一斗的豆子，每念一句"唵嘛呢叭咪牛"就丢一颗豆子在木盆里，念了一二十年，由于虔诚持诵，无情的豆子竟也有了感应。每当她念一句"唵嘛呢叭咪牛"，豆子就会自动跳进木盆中。

有一天，一个云游僧到她家里借宿。深更半夜，借宿的法师听到老太婆念咒的声音，发现老太婆念错了，法师赶紧向老太婆说明，老太婆一听，懊悔白白浪费数十年的光阴。

老太婆改口念诵，"唵嘛呢叭咪吽"，虽然一字不差，由于一念疑心，豆子便不再跳动了。

信为道源功德母，长养一切诸善根。信心如母亲能生出一切善心妙华，如大地能滋长丛林果实。老太婆怀疑自家信心之宝，却相信那欺瞒真实的语言文字。

信心使无情豆子跳动，看似神奇，其实信心的感应比比皆是。它使柔弱的人得到强壮，它使贫穷的人感到富足，它使绝望的人重见生机，它使哭泣的人听闻喜乐的召唤。

信心如璎珞，使我们内外庄严；信心如手杖，使我们行进无忧。信心是我们永远的朋友，千金不移，患难与共，与我们生死偕伴。

塞车的乐趣

不苦,是因为明白环境的影响力,大不过让心安住的定力。

现在交通发达,全世界无论哪个国家、大城市,几乎没有不塞车现象。即使像美国的高速公路,南来北往有如棋盘一般交织,一到上下班顶峰时间,照样拥塞不堪。在有规划交通的地区,遇上塞车,车子还能行走,只是速度比较缓慢;在没有规划交通的地区,一塞车便动弹不得,甚至得停上很久的时间,行不得也,没有人不曾饱受塞车之苦。

比方,从台北到高雄,三百五十公里的路,车程只需四个小时。一遇到假期,往往走了八个小时,甚至十几个小时。花了一倍以上的时间,也到达不了目的地。为此,有人开玩笑说,现在行驶高速公路真是苦不堪言,如果车子要上高速公路,你得要准备茶壶、便当乃至尿桶,因为会遇到塞车啊!

　　饱受几次塞车之苦后,我开始调整心情,才发现塞车也有塞车的乐趣。坐在车子里,可以欣赏路上各种车辆的颜色,各式车型,各种厂牌的名称,这边是"福特",那边是"三菱",前面是"喜美",后面是"奔驰",这里是"Toyota",那里是"BMW"……各种厂牌,应有尽有。在研究车型、欣赏颜色,跟着车子观察周遭环境的变化当中,时间悄然而逝,塞车不再苦也!

　　不苦,是因为明白环境的影响力,大不过让心安住的定力。心生不满,就是放自己在一个不满的世界;心生怨恨,便是丢自己在怨恨的世界;觉得苦恼,就真是活在苦恼世界里。

　　一旦心能转境,塞车中也能看尽人间车水马龙、山水风景,别有一番乐趣。

马路上的禅者

心无众生,蒲团上便无清净法身佛。

 王德胜居士,对于参禅打坐兴趣勃勃,经常到寺院禅堂修禅。持续好几年,他将生活重心都放在禅堂里。有一天,他向人宣称:我悟道了,不去禅堂打坐了。只见他一袭宽大衣衫,或端坐于行人杂沓的骑楼巷道,或经行于车水马龙的十字街头。亲友们看了,心头疑云重重,为什么不去清净的禅堂冥思,却要跑到车声隆隆,尘埃满布的红尘闹市?

 他的太太终于忍不住,开口问他:"你为什么不再去禅堂参禅,熙熙攘攘的大街小巷哪里有禅可参呢?"

 王德胜缓缓地回答:"一个参禅的人是不与世间、群众脱节的。如果双脚不能踏在大地,头不能顶着青天,双眼看不到芸芸众生愁苦的面容,两耳听不到芸芸众生悲苦的叫声,心意感触不到芸芸众生的需求,就不是一位顶天立地的菩萨禅者。我在禅堂中参修多少年才明白，真正的禅者应与众生、社会结合在一起。"王德胜说完，又欢欢喜喜地往大马路参禅去了。

参禅并非逃避世间，一味端坐禅堂中，眼观鼻，鼻观心，却观不到芸芸众生。心无众生，蒲团上便无清净法身佛。惠能大师了悟修行不离生活，写下："心平何劳持戒，行直何用参禅。"修行不离世间，佛法得在生活大小事里亲身体证、渐次体会。真正的禅者并非端身正坐的"不倒翁"，而是具备菩萨心行，把众生、社会事业都容纳在心，奉献自己，愿为众生做马牛。

修行学道，不以深山修行为高尚，不以禅堂熬炼为真修行，只要心中有众生，有时马路边的参禅更富禅味。

学鸳鸯叫

一言一行无不发自本心本性。

有一位男士擅长学各种鸟类的叫声，鹦鹉、麻雀、黄莺……惟妙惟肖，几可乱真。

有一天，这位男士的妻子看到王宫里的荷花池，花开得清香扑鼻、美丽无比，心里非常欢喜，从此以后，天天思念王宫的荷花。看妻子茶不思、饭不想，他便自告奋勇地说："这个不难，我可以替你到王宫荷花池里，偷摘几支回来！"妻子说："这可不能，王宫内院戒备何等森严，万一你去给人家发现，那还得了？"

"不怕，不怕！我会学各种鸟叫声，真给人发现，黑夜里什么也看不见，我可以学鸳鸯叫，骗过守卫。"

夜黑风高的晚上，这位男士果真前去偷采荷花，当他下到池塘边，水的声音、荷花拍动的声音，惊动守卫人员。守卫大喊："是谁？"他因为太过紧张，忘记学鸳鸯叫,立刻回答:"我是鸳鸯!"结果当然被守卫抓住。

倘若自恃有某某特长、技能,或心存侥幸,或伪装做作,待要表现时,一个紧张,动作不自然,露出的狐狸尾巴就会让人逮个正着。

与其让人逮住,不如不藏狐狸尾巴,一切顺其自然。是丑是美都表现真实的自己,一言一行无不发自本心本性,同人共处也出于真心,任何场面都不会出差错。切莫堂堂君子不做,而做一只假鸳鸯!

驾驶的技术

无心的境界是自然，是物物一体，纵使万物围绕仍能自在，无所束缚。

曾经，有一位年轻徒众发心替我开车。刚开始驾驶，他用心非常，连握方向盘都不马虎，用力紧握，可是却常常出问题，不是碰到树干，就是擦到墙壁，总会出一点小车祸。

慢慢地，他不再那么执着方向盘，放松自然多了。可是还是处处小心翼翼，因此不管是转弯、换车道，都让人感受到他的驾驶技术不纯熟。

再过几年，他开车能以无心为心。驾驶座上，不但能掌握好方向、速度，同时可以打电话、发表意见，毫无察觉他更换车道，车速加快减慢，让人乘坐起来舒适安全。从紧张到小心翼翼，再到"无心"开车，反而让他不再有闪失。

无心，即是对外境不起分别，不迷惑，不动心，能"应无所住而生其心"，所以能以无为有。六祖惠能大师对神会大师"先定后慧，先慧后定；定慧先后，何者为正"的参问，提出"常生清净心，定心而有慧；于境上无心，慧中而有定"。定是沉着不乱，慧是灵巧，能深观万象本末来去。定慧一如，所以因应人间万事能任运自在，无差池。

常人用心有所执着，起分别、有计较，以致"差错"百出。而无心的境界是自然，是物物一体，纵使万物围绕仍能自在，无所束缚。

以开车为例，能透过一些用心、留心，慢慢到达无心的境界，然后无所不用心，那便是做人处事最高的境界。

处理情绪

懂得运用方法调节情绪。

纵观时下，每天的电视新闻及报纸都是自杀、伤人、诈骗、偷盗等社会新闻的报道，反映出现代人不懂得处理自身的问题，不知如何正确疏导负面的情绪，产生诸多压抑、放弃、自怨自艾、愤世嫉俗的心理，不懂得尊重生命，尊重他人，放纵内心的贪嗔痴毒，依着喜怒哀乐和忧悲苦恼的情绪行事。曾经看过一则网络故事，觉得很值得生活、情绪紧张的现代人深思。

一天傍晚，一位父亲带着三岁的儿子到公园散步，途中儿子告诉他一句话，父亲听不懂儿子的童言童语，因此一而再、再而三地问。父亲的反应，惹得小儿子很生气，索性在路旁大哭起来。

父亲心疼儿子，问："要不要爸爸抱？"

儿子哭着回答："不要！"说完又开始大叫起来。

"你要叫多久?"

"我要叫好久!"

父亲只好站在一旁,静静地看着小儿子大哭大吼。好一阵子,儿子慢慢平静下来,揉了揉眼睛,就走到父亲跟前,抬起头看着父亲说:"我好了。"

父亲弯下腰,轻声问:"那我现在可以抱你了吗?"

"可以!"

"那我们可以走了吗?"

"可以!"

故事中这位三岁小孩,在面对自己不满、高涨的情绪,都懂得自我调适、处理,而我们呢? 是不是也能选择一些正确、负责任、不伤及他人的方式,耐心地转化那些让自己困扰的情绪,慈悲地给自己一些喘息的空间。

佛教的修持法,可作为现代人处理情绪的方法,比如借由禅坐调身调心,将粗犷躁动的心调得柔软平静;透过朝山拜佛,调伏傲慢,洗净心灵尘垢;念佛持咒,止息妄念,使心志清明。懂得运用方法调节情绪,使妄动杂乱的心意平静下来,在烦恼的悬崖处,我们自然会明白接下来的路该怎么走!

添油香

看人行事都应该深观因缘,多多思考。

善恶好坏究竟如何判别? 是以"相",还是以"体"?

有一个恶人过河,因为桥被洪水冲走,便跑到寺庙里,将木雕神像扛来做桥,垫脚而过。此事被一位善士撞见,不禁直喊:罪过! 罪过! 怎么可以这样亵渎神像! 于是赶紧把神像送回寺庙,并且供以香花、水果。

这时神像却开口要求善士添油香,善士质问道:"恶人毁坏你,你不责怪他,我保护你,你怎么反而要我添油香?"神像说:"因为他是恶人,我何必惹他? 因为你是善人,我怎么可以不叫你做好事呢?"

常人总在事象上琢磨、着意:"我做了善事"、"我添了油香"、"我保护你"、"我对你错"……在世间的善恶、对错、轻重、行与不行、尊贵与贱贫之间计较、矛盾、权衡,患得患失,滋生事端。看不清真相,也看不透个中因缘本末，因此蹉跎人生每一个可以行善增上、开发智慧的机会。

佛教中，维摩居士入于酒肆、淫舍、博弈戏处示法度众，如果我们眼光停在事象上看，能够看到维摩居士行大乘法的菩萨心吗？

当文殊菩萨问：菩萨云何通达佛道？维摩居士回答：若菩萨行于非道，是为通达佛道。这是因为虽然行于非道，却是无恼恚、无染着，安住净戒，常行慈忍，超越了善恶的分别，看清了世间的实相，当然所行所为都是通达佛道。

所以，我们看人行事都应该深观因缘，多多思考，才不会盲目跟从、盲目下决定，白白错失了好因好缘。

善用三间

生活在世间,任何人都离不开人间、时间、空间。

人在世间,要有时空的认知,才能人我融洽和谐,处事顺逐无碍、游刃有余。怎么说呢? 有一个故事可以说明。

有一个太太打电话到消防队求救:"不得了,不得了,我家失火了!"

消防员问:"你家在哪里啊?"

这位太太更是着急:"唉呀! 我家的厨房失火了!"

消防员加重语气,说:"我是问你们在哪里?"

"就是厨房里面嘛!"

"你家厨房在什么地方啊?"

"就在我家里嘛!"

"你家在哪个地方,该怎么去,你要告诉我啊!"

"你开消防车进来就好了嘛!"

两人就这样一来一往，最后，消防员还是不知道失火的地点。

由于这位太太与消防员心里没有时空概念，无法掌握时、地、人，就只是鸡同鸭讲，事情根本无法解决。

生活在世间，任何人都离开不了人间、时间、空间。一个人为人如何，处事圆不圆融，能不能掌握人生，但看他如何与人相处、往来，时间如何分配、运用，空间如何规划、安排。比方说，行事太快或太慢，都会引起他人的反感与憎厌；不了解空间，占了别人的位置，抢了别人的优势，也会引起计较、斗争。

人在世间，应该善用"三间"：空间上，懂得"以退为进"、"回头转身"、"无住无着"的妙义，懂得开拓心内一片宽广无垠的世界。时间上，明白时光易逝、以古为鉴，更而积极运用时间。人间上，了解"以众为我"、"你大我小"、"众缘所成"的道理，而能心怀感恩，知道回馈。

能够善用三间，人人都可以做个欢喜自在的人间行者！

虚荣之举

一个人的气质与内涵是无法装饰的,一个人的地位与伟大更不是靠繁华堆砌来的。

生活中,我们是不是曾经觉得茫然若失、失去动力? 这时,有没有停下脚步思考一下,引发这些困境的究竟原因? 当然,原因有很多,有些时候可以从自身的所行、所为、所想探出端倪。

一条街上,有两个人在吵嘴,吵得不可开交,旁边围拢着一群爱慕虚荣的人,想替他俩劝解。首先,有一个装金牙的人说道:"请你们不要吵了,让我来给你们陪个笑吧!"说着就咧开满嘴的金牙,大笑起来。

这时,一个脸上擦粉的人很快的站起来,指着自己的脸说:"请你们不要吵了,赏给我一个薄面吧!"手上戴着金戒指的人,立刻握起拳来,在空中挥舞了一下,说道:"你们如果再吵下去,我就给你们一人一拳。"脚下穿着新皮鞋的人，说道："你们如果再吵，我可要给你们一人一脚。"说着，撩起裤管，作势将脚抬了起来。一个身穿新衣服的人，奋勇向前大声说道："请不要再吵，一切都看在我的身上吧！"说着，拍拍自己的胸膛。

这一群爱慕虚荣的人，不能用道理来说服人，也不知用道德来感化人，只是用外表的装饰、穿着来夸耀自己。难道衣服、鞋袜、金牙能够表现一个人的地位与伟大崇高吗？

有的人，不只日常用品、穿着衣物，都要讲究名牌，讲求华丽，凡事更爱出风头、喜欢受人赞美褒扬、经常吹捧自己、卖弄学问。一味追求虚荣、贪恋浮名富贵，终究只是"金玉其外，败絮其中"的空壳子罢了。

一个人的气质与内涵是无法装饰的，一个人的地位与伟大更不是靠繁华堆砌来的。倘若只求外表，不务实际，一生只能为虚荣心捆绑，患得患失，不能自在了。不如自我充实、实在做人做事，才能够始终清楚自我的去向，时时保有向前的动力。

愚人吃盐

不冷不热，不求不拒，合乎中道。

有个愚人，生活在偏僻的深山里。这天，愚人到一个住在城市的朋友家中拜访，感觉到城市的菜肴特别美味。仔细观察下，发现朋友在菜里加了一点盐，他想：原来就是放了盐，菜才会这么好吃。

饱餐一顿后，愚人即刻到菜市场买了许多盐。一路上，他禁不住回味菜香，又摸摸一整袋的盐，一股满足的感觉涌上心头。他心想：只加一点点，菜就那么好吃，如果把全部的盐都加进去，不就美味无比了吗？盐这么便宜，何必省呢？想到这里，不由得加快脚步，终于在天黑前回到家。

恰巧太太端着热腾腾的饭菜上桌，愚人慌忙不迭地舀起好几大勺的盐，撒到菜里。

"你在做什么？"太太惊讶地大叫。

"让菜变得可口香甜的秘方。"愚人得意地说。

太太吃了一口马上吐掉，对着愚人大吼："这哪里是什么秘方，满桌的菜都变得苦涩难以下咽，简直是毒药。"

愚人搔首晃脑，不知其所以然……

愚人不明白，过犹不及终致适得其反，就像雨水来得恰到好处，可以滋润万物蓬勃生长，雨水太多则泛滥成灾；话说得中道，大家欢喜，话说得过头，容易遭忌惹祸，引人非议。

欢喜的时候，极力吹捧；愤怒的时候，怒吼失礼，都有失礼节。言行间太冷太热，或者对人要求过严，或者疏松透过，都有失正道。要能做到不冷不热，不求不拒，合乎中道，则与人相处、行事处世才能游刃有余，自在无罣碍。

感情债

用慈悲去扩大所爱，用智慧去净化所爱，用尊重去
对待所爱，用牺牲去成就所爱。

有人对于金钱、事业都能够得心应手，但一旦遇上
感情的问题，却不知所措。有的处处留情，到处欠下感
情债；有的为情所困，为情爱苦恼不已。聪明的人除了
会处理金钱、处理人事、处理事业以外，更重要的是会处
理感情。

处理感情，态度必须慎重、专一，不能滥情。几十年
来，到处都有人邀请我讲经说法，然而我会视情况婉拒，
因为考虑到次数多了，信徒会希望我常去，这样就会有
"感情的债"。因此，我会推荐其他法师前往，或者同一
个地方，讲经的次数不过于频繁，为的就是不欠信徒的
人情。

我们这一生，不只欠父母的恩情，欠师长的恩情，欠

朋友的恩情,也欠国家社会的恩情,甚至因情而结合的夫妻,也互有夫妻之情。常人以为佛教主张的是六根清净、不染情爱的,修行只是青灯古佛,只求迥脱尘劳,不管人间,不知报恩。其实,佛教并不排斥感情,但是主张以慈悲来运作感情,以理智来净化感情,以礼法来规范感情,以般若来化导感情。对于夫妻的相处,鼓励要相亲相爱;亲子的沟通,提醒要互敬互谅;朋友的往来,教导要惜缘惜情,从对亲友的关爱,升华到对一切众生的慈悲,学习菩萨"无缘大慈,同体大悲"的无私精神,因为人间佛教是净化的,是善美的。

无缘的众生能行大慈,同体的有情体现大悲,将情爱升华,成为喜舍、成为慈悲、成为牺牲、成为奉献。慢慢学习用慈悲去扩大所爱,用智慧去净化所爱,用尊重去对待所爱,用牺牲去成就所爱。视情爱为奉献,是主动的给予,是义务的回馈与报答,而不是被动地偿还感情的债。如果人间有情都能如此,还会有杀父弑母、绑票勒索等事件发生吗?

马克·吐温死了

幽默足以让人生过得洒脱、自在。

被称为美国"文学中的林肯"的知名作家马克·吐温,在他的作品中常有讽刺、嘲弄时代及社会的丑陋,以及对社会底层的同情,显露出他正义、慈爱的一面。同时也显露出他是一个颇具幽默的人。

一八七三年,他与查·沃纳合写一部长篇小说《镀金时代》。这部小说的主要内容是讽刺、揭发美国南北战争结束后,资本主义发展引起社会上一股投机暴发及政治渎职、腐败的歪风。在发表会上,记者询问小说内容的真实性,马克·吐温表示:"美国国会议员有一半是傻瓜。"此语一出,国会议员认为这句话已经对他们造成毁谤,要他公开道歉。马克·吐温欣然接受,隔天就在报纸上刊登启示说,本人对于这次的言论,深感抱歉,因为美国国会议员有一半不是傻瓜。

又有一年愚人节，有人开了马克·吐温一个大玩笑：在纽约的一家报纸上，报道他死亡的消息。报道一出，马克·吐温的亲朋好友纷纷从各地前去吊丧。没想到，当他们到了马克·吐温家的时候，却看见他好好地坐在桌前写作。原来悲恸的心情顿时一冷，气愤地谴责这家报纸造谣。却见马克·吐温平心静气地说："这个报道千真万确，只不过把日期提前一些罢了。"

马克·吐温的一句话，让人人避讳谈及"死亡"带来的惶恐、不安、厌恶、回避等心理，变得能够轻松面对。

可见，幽默足以让人生过得洒脱、自在，让生活时时都有乐趣，不致索然无味。现代人常常为工作、课业、情感、经济各方面的压力感到喘不过气，这时，如果能以幽默面对，便能以健康、积极的态度思考，凡事也就能迎刃而解了。

找到最好的麦穗

适度适宜才是重点。

希腊哲学家柏拉图请教老师苏格拉底："什么是爱情?"

苏格拉底告诉他："你到麦田里选一株最大最好的麦穗,记得你只能向前走,不可以回头。"

柏拉图听了老师的指示后,立刻前往麦田,当要摘下第一株麦穗时,他心想:前面可能还有更大的。于是他再向前走,当他想摘下麦穗时,又想:前面可能还有更大的。就这样走过整片麦田,终究没有找到一株令他满意的麦穗。

"因为只能摘一次,又不能回头,即使看到好的麦穗,又怕前面有更好的,于是走到了麦田的尽头,我错过曾经出现的美好。"柏拉图垂头丧气地说。

"这就是爱情。"苏格拉底这才说。

面对人生的一切选择，我们往往为大小、美丑、贫富、高低所系缚、牵绊，却忽略自己真正的需要。其实适度适宜才是重点，就像男女结婚要适龄，穿鞋大小要适足，煮菜咸淡要适度，应对进退要适宜，人生的景点只要站对适合的角度，自然能够看到令人心怡神悦的风景。

　　可是有多少人能够透彻地懂得这个道理？有的人一味追求升官晋级，但若不懂得人生，尽管坐拥权势，也是空虚；有的人痴想万贯家财，但又能日食几何？有的人执着于爱情，但若不懂得珍惜拥有，爱情也不过是明日黄花。人生有很多选择，人生也有各种不同的价值，选择适合自己的人生，安于自己的位置，生命自能因之丰采。

检举偷盗花木者赏

运用智慧,让"两只眼睛"变化为"千百双眼睛"。

美国有一个植物园,每天吸引大批游客。因为园大树多,经常有人任意采摘花木,使园林受损。为了解决这个问题,管理员在园门上方写着一则告示:如有检举偷盗花木者,奖赏美金二百元。

好奇的游客问管理员:"为何不照惯例,写成'凡偷盗花木者,罚款二百美元'呢?"管理员不假思索地答道:"要是那么写,就只能靠我的两只眼睛辛苦地到处巡逻,而现在可能有几百双眼睛,帮我看管园中的花木呢!"

这一则告示,真可以说是充满了智慧的匠心独运之作。同样是处理事情,却因为方法的巧妙不同,而产生迥异的结果;管理员只是换个立场就能收到更佳的效果,智能之妙,不可言喻。

一件事往往一体多面,就好像"瞎子摸象"故事,象如真理,如事物,因为"瞎子"立场、看法、思想、角度等等的不同,所诠释的,认识到的,明白了的真理或事物就会不同,以致这世间千红万紫各有特色。

能够具备这种认知,我们在面对不同的意见时,就能放开心胸接纳;在下决策时,能够多方参考、观察;在处理问题时,能够以适切契机的方法应对。这是因为我们的眼界是开阔的,思考是灵活的,处事是具有创意的。

如文中事例,运用智慧,就能让"两只眼睛"变化为"千百双眼睛"!

还有一点慈悲

世间何物得坚牢，大海须弥竟磨灭。

美国有一位百万富翁，因左眼坏了，就花钱请人装一只假眼。由于假眼非常精致，不容易认出，富翁就很自豪地到处夸耀。

有一次，富翁碰到名作家马克·吐温，便要他猜哪一只眼睛是假的？

马克·吐温端详一阵，就指着左眼说："这只是假的。"

富翁不解地问："怎么说呢？"

马克·吐温："因为你这一只眼睛还有一点慈悲。"

为什么反而是假眼才有慈悲呢？其实马克·吐温是要提醒富翁，人应该活得真实，不应为虚假、虚妄之物迷己忘本，让心飞扬浮躁、忙碌不堪。因为人若是被世间五欲所迷，纵情繁华，就容易迷失自己，目中无人，无视他人的利益和感受,只以为努力追取就能得到满足、获得肯定、找到人之所以存在的价值与意义。

人生走到这种境地,就像是走到悬崖处,时时都有坠崖的危险。所以《楞严经》中说道:"菩萨见欲,如避火坑。菩萨见贪,如避瘴海。菩萨见慢,如避巨溺。菩萨见嗔,如避诛戮。"

有时我们不妨试着将生命的层次提高,将心眼放远放大,俯瞰人间繁华,声色富贵,才会知道那些不过是水上泡、草头露,刹那生灭,也虚幻不实。一旦明白了"世间何物得坚牢,大海须弥竟磨灭"的真相后,自然会明白人生应该追求的是什么。这时,才真正是以慧眼看世间,才真正是活出了生命的价值与意义。

人骑车车骑人

不拘于特定形式，不自缚于框架中，不贪着于过去，才能迎战人生各式各样的考验。

一九四九年，我安单在中坜某个寺院，寺院的人众将近有一百人。由于距离市区有十公里左右，必须要有人经常到市区采购生活所需，而这个责任就落在我的身上。有时候东西多，我就用拖车去拉，有时候东西不重，骑脚踏车会比较轻松。

有一回，我骑着一辆破旧的脚踏车，在崎岖的山间小径行驶，为了让路给迎面而来的两名学童，我一个闪身，连人带车滚落到约有四丈高的山崖下。醒来时，发现自己躺在一个干涸的溪流里，头朝下、脚朝上，脚踏车支离破碎成三十几块，散得一地都是。一阵天旋地转，金星乱冒，我合上双眼，自忖已经与世长辞了。

不知道过了多久，我爬起坐在地上，环顾四周的花草树石，想这阴间与阳间的一切竟毫无差别。我摸摸头顶，捏捏四肢，感觉没有异样；又触触鼻孔，碰碰胸口，发现自己竟然还一息尚存，大难没死。赶紧起身，将脚踏车碎片一块块捡起，用绳索捆好，扛在肩上，走着回去。这天，我在日记上写着："是我骑脚踏车呢？还是脚踏车骑我呢？"

这个世间很多事情都没有一定、绝对的，有时候由于因缘的变化，会不同于平时我们所认为的、习惯的："你是上司，我是属下"、"茶杯是用来喝水的"、"路应该这样走"、"事情应该这样做"、"我骑着脚踏车"……

生命是活的，是多彩多姿、千变万化的；持有活跃的态度，不拘于特定形式，不自缚于框架中，不贪着于过去，才能迎战人生各式各样的考验。

以事业安住生命

明白个人存在的价值与意义。

　　一天有二十四小时，一生也有六七十年岁月。在这一段漫长的人生里，怎么生活，以什么心态生活呢？或者有人想过，却想不明白；或者有人不曾想过，只是感叹生活为何会单调乏味，身心为何总是无法安住？

　　面对热闹、忙碌之外的无聊和空虚，有的人以吃、喝、玩、乐打发时间、消磨岁月；有的人将心力寄托于交友、情感，有的人整日无所事事，却在芝麻绿豆大的小事上，起嗔慢痴疑心……

　　高雄有一位公司的董事长曾经和我讲过几句话，他说："以我现有的财产，即使一天用十万元，活一百年也用不完。虽然拥有很多钱，可是我还在工作，是贪求无厌吗？不是的，我是以事业来打发时间。"这段话，使我们了解，一个人认认真真于工作当中，生命能因此安住，人也活得有意义;没有工作,只会让人觉得无聊乏味,渐渐失去动力、失去方向。

他又说:"我的钱虽然很多,但是自奉甚俭,我不抽烟,不喝酒,不去娱乐场所。下班回家,就是一杯清茶,看看报纸,如此而已。一天过去,第二天又带着饱满的精神开始工作。"由此,我领悟到一个成功的企业家,他们之所以能够成功,绝不是从安逸享受中得来,而是从不停的勤劳奋斗中获得。他们乐在工作,能在工作当中与人互动,成熟生命,明白个人存在的价值与意义;倘若为生计而工作,为工作而工作,久而久之,工作也让人生厌了。

因此,汲汲营营于工作、盲盲目目于生活的人,不妨先停下脚步,仔细思考:究竟为了什么工作,又该如何生活,才能让身心安住,让生命发光发热呢?

用智慧庄严一切

真正的成就，是以自己的智慧克服困难。

　　佛光山三十多年来，不论是印杂志、请帖或通知单，都是委托裕隆印刷厂协助印制。这家印刷厂的老板姓曾，为人老实，也是虔诚的佛教徒。早期佛光山年轻一辈对印刷业务经验不足，常常不是资料准备的不够周全，就是临时抱佛脚，总是急忙中催促曾老板完成印刷工作。尽管如此，只要交付给他的工作，即使熬夜不睡，他也加班赶工，如期送交。

　　曾老板替佛光山印制刊物，一印就是三十多年。

　　有一天，曾先生对我说："师父，现在时代真的不一样了！记得二十几年前，山上的执事法师请我印刷时，都会先问我：还有更便宜一点的纸张吗？有没有可以使价钱更低一点的方法？总之，就是要想尽办法节省开支。但是最近十年来，年轻一辈凡事只要求最好的，并不在乎价钱的高低。过去佛光山开山时期，勤俭刻苦的情景，现在好像不容易看到了。"

我听了深有所感，常以此教育佛光山的徒众："我们应该用智慧去庄严一切，而不是靠金钱来成就一切。靠金钱堆积的成功，就算再好、再大、再美，也没有什么了不起。真正的成就，是以自己的智慧克服困难，勤俭、惜物、护生，才是佛门弟子的本分事。"

同样的，现在的年轻人，对于前人以勤劳、智慧、经验累积的成果，要多多学习，用心体会，才能造就真实、扎实的成功。若只是依靠金钱去堆砌，呈现的空中楼阁、镜花水月会瞬间崩裂坍塌、灰飞烟灭。

吃小和尚

谛听谛听，善思念之。

世间上，有很多我们亲眼所见、亲耳所听的事，并不见得是真相，怪不得佛陀常要教诫我们：谛听，谛听，善思念之。

有一次，与徒众前往美浓朝元寺拜访。在往美浓路旁，看到一个横列的招牌，写着"吃小和尚"，同行徒弟对这个招牌一直放不下，直嘀咕什么名字不好取，要取这个？

回程时，我们再注意这个招牌，才发现先前我们是从左往右读，因此是"吃小和尚"；如果从右往左读去，是"尚和小吃"。这才恍然"尚和"是个地名，小吃店取名为"尚和小吃"并没有错呀！只是因为我们不了解真相，产生误会罢了。想想，不禁为我们的"误解"哑然失笑。

由此反思，很多时候、很多事，其实我们常不经易就犯了这个毛病：还没听清楚对方所表达的，便妄下定论；没有弄清楚孩子行为背后的动机，就忙着责怪；没有理清楚主管交待的事项，就莽撞行事；没有探查好市场的趋向与需求，便胡乱投资……冲动，不耐烦，不经思考，不懂瞻前顾后，急于处理、表现，依着自己的情绪和看法行事，是让事情无法圆满的最大阻因。

建议大家，在接触外界讯息时，不盲目吸收，应该多方探究，谨慎思考，用心推敲，亲身实践，才能更贴近事物的真相，看见事物的本来，做出正确的判断与选择。